Hans Georg Kring

Mit Grießbrei wird das Leben auch nicht besser

Kindheitserinnerungen
aus den 1950er bis 1970er Jahren

Sachbuch

Bibliografische Information der Deutschen Nationalbibliothek: Die Deutsche Nationalbibliothek verzeichnet diese Publikation in der Deutschen Nationalbibliografie; detaillierte bibliografische Daten sind im Internet über http://dnb.dnb.de abrufbar.

Bilder: Bildarchiv Kring und Jung. Titelbild: Archiv Jung. Die Rechte-inhaber der Bilder konnten nicht in allen Fällen ermittelt werden. Für Hinweise ist der Verlag dankbar.

Verlag: BoD · Books on Demand GmbH, Überseering 33, 22297 Hamburg, bod@bod.de

Druck: Libri Plureos GmbH, Friedensallee 273, 22763 Hamburg

ISBN: 978-3-8192-4938-9

Hans Georg Kring

Mit Grießbrei wird das Leben auch nicht besser

Kindheitserinnerungen
aus den 1950er bis 1970er Jahren

Für meine Kinder und Enkel

INHALTSVERZEICHNIS

Prolog 7

DIE 1950ER JAHRE 11

Das Dorf in den 1950er Jahren 11
Eltern, Großeltern und Verwandtschaft 19
Das neue Haus und ein „Baukind" 23
Unser „Kindergarten" 38
Keuchhusten 42
Das Leben im neuen Haus 43

DIE 1960ER JAHRE 65

Die neue Scheune 65
Unsere Landwirtschaft im Nebenerwerb 68
Neue Herausforderung – der Umgang mit Müll 83
Einschulung und die ersten vier Schuljahre 85
Gefährlicher Schulweg 89
Der neue Schulanbau 92
Weihnachtsfeiern 93
Die Berliner Mauer 96
Der neue Traktor 98
Der Traktor verändert alles 101
Nach der Grundschule 104
Schulunterricht vom 5. bis 8. Schuljahr 106
Verschickungskind 111
Eine neue Erfahrung - Kurzurlaub 115
Nachmittage 117
Manöver der Amerikaner 123
Unsere Spielsachen 126
Inzentiv der Gemeinde 129

Beim Friseur   130
Neue Welt: Telefon, Radio und Fernsehen   133
Technische Revolution im Haushalt   139
Unser erster Familienurlaub   140
Konfirmandenunterricht und Konfirmation   142
Das teilweise Ende unserer Landwirtschaft   147
Kurzschuljahre und neuntes Schuljahr   149
Goldene Hochzeit der Großeltern   151
Ausbildungsvertrag   155
Ausbildung – erstes Lehrjahr   158
Zweites Lehrjahr   166

DIE 1970ER JAHRE   171

Rasti   171
Vater wechselt die Automarke   172
Anbindung an die große Welt – die A45   173
Berufsaufbauschule   174
Das erstes Rockkonzert   178
Neuer Nachbar   179
Musterung   180
Drittes und viertes Lehrjahr   181
Endgültiges AUS für unsere Landwirtschaft   183
Vater wechselt den Arbeitgeber   184
Führerschein und das erste Auto   185
Fachoberschule   190
Freundin   192
Unsere neue Heizung   193
Bundeswehr   195
Nach der Bundeswehr   202
Studium   205

Epilog   211
Einzelhinweise   212

III

PROLOG

»Die Kinder sollen es einmal besser haben«, diese Aussage habe ich in den 1950er, 1960er und 1970er Jahren immer wieder gehört. Auch für meine Eltern war das der Antrieb, um neben dem Blick auf die eigene Situation für eine bessere Zukunft ihrer beiden Kinder zu sorgen. Beides ist ihnen gelungen. Dabei war der Weg bis in die 1970er Jahre eine Zeit voller Veränderungen. Ständig mussten neue Entscheidungen getroffen werden, oft zu großen Investitionen. Nur innerhalb von einer Generation wurde das Leben komplett auf den Kopf gestellt. Das Buch beschreibt diesen Wandel im ländlichen Raum sowie unserer Familie anhand meiner Kinder- und Jugendzeit.

Die Ausgangslage war bestimmt durch die Kriegszeit. Zu tief saßen die Wunden bei den zu Hause gebliebenen und besonders bei den Heimkehrern. Und tief saß das Misstrauen für eine neue Zeit. Zuerst galt es, das Leben wieder in den Griff zu bekommen. Mit der Zeit kehrte die Zuversicht zurück und die Geschwindigkeit der Veränderungen nahm bis in die 1970er Jahre stetig zu. Im Wesentlichen kann ich für diese rasante Entwicklung drei Treiber ausmachen: Zunächst die lange Zeit des Friedens, die dazu führte, dass die Menschen wieder Vertrauen in die Zukunft fassten und dadurch große Investitionen, wie z.B. einen Hausbau oder der Kauf eines eigenen Autos tätigten. Da sind zum Zweiten die vielen technischen

Neuerungen, die durch preiswerte Energien und deren Verfügbarkeit vorangetrieben wurden und so nicht nur im Haushalt für deutliche Arbeitsentlastungen sorgten. Und da ist zum Dritten der unbändige Fleiß und die Ausdauer dieser Generation. Hielten sie zunächst noch an den Traditionen fest und gingen auf „Nummer sicher" durch die Landwirtschaft im Nebenerwerb, so konnten sie sich doch auf Dauer der neuen Zeit nicht entziehen. Wobei gesagt werden muss, dass sich unser Leben auf dem Land sicher stark vom Leben in der Stadt unterschied und auch heute noch unterscheidet.

Gleichzeitig zeigt das Buch anhand meiner Lebenslinie auf, dass es lohnenswert war und ist, auch aus eher einfachen Verhältnissen kommend, ein Studium erfolgreich zu absolvieren. Der Weg bis dahin war allerding weit und mit einigen Hürden gepflastert.

Für die heutige Generation mutet das damalige Leben vielleicht wie ein Ausflug ins Mittelalter an. Und so manche Begebenheit ist heute so nicht mehr vorstellbar. Doch so war es!

Mir war es aber auch besonders wichtig, die Leistungen meiner Vorfahren zu würdigen. Sie haben uns Kinder immer unterstützt, sogar dann noch, als wir bereits erwachsen waren. Auf sie konnten wir immer zählen. Beim Nachdenken über diese Zeilen merke ich, dass mir die Tränen in die Augen steigen, denn ich spüre instinktiv, dass ich das, was die Eltern für uns getan haben, zu ihren Lebzeiten nicht genügend gewürdigt habe.

Zunächst hatte ich die Idee, diese Erlebnisse für meine Kinder und Enkel aufzuschreiben. Doch dann bekam ich relativ schnell die Rückmeldung, dass diese Entwicklungen durchaus interessant für eine breitere Leserschaft sein könnten. So ist dieses Buch entstanden.

Im Buch kommen natürlich auch einige Verwandte von mir vor. Ich hoffe, dass sie es mir nicht übelnehmen, dass sie teilweise, wenn auch nur kurz in diesen Erzählungen vorkommen. Sie gehörten ja dazu und sind genauso wie wir durch diese Zeit gegangen.

Das Dorf in den 1950er Jahren

Steinbach im Dillkreis, wie es damals hieß. Heute ein Ortsteil der Stadt Haiger und dem Lahn-Dillkreis zugehörig. Ein kleiner Ort, in einer Sackgasse gelegen, direkt an der Grenze zwischen Hessen und Nordrhein-Westfalen. Kein Bahnanschluss, nur eine Straße in den Ort und die gleiche wieder raus. Dazu immer der Anstieg, wenn es nach Steinbach ging.

Fruchtbare Böden gehörten ebenso wenig zum Ort, wie ein Industriebetrieb. Bis 1954 war das anders. Bis dahin betrieben verschiedene Gesellschaften die Grube Freudenzeche, die jedoch inzwischen wegen fehlendem Ertrag stillgelegt war. Im 18. Jahrhundert gab es im Ort sogar ein kleines „Industriegebiet". Mehrere Eisen- und Kupfergruben, eine eigene Hütte zum Schmelzen der Erze sowie eine Mühle. Doch das gehörte alles der Vergangenheit an. Das einzige, was im Dorf Bestand hatte, war die Landwirtschaft. Nahezu jedes Haus betrieb Landwirtschaft im Nebenerwerb. Der Ort ruhte in sich selbst.

Interessant ist der hier gesprochene Dialekt im Vergleich zum Dialekt auf der anderen Seite der Landesgrenze. Dort spricht man Siegerländer Platt, während wir in Steinbach ein hartes hessisches „Hinterländer" Platt sprechen. Ein extremer Unterschied auf fünf Kilometern Luftlinie.

Die etwas abgelegene Lage hatte jedoch auch deutliche Vorteile. So kam das Dorf ohne Beschädigungen durch den Krieg, denn während der gesamten Kriegszeit fiel nicht eine Bombe auf den Ort. Es war eben ein strategisch unbedeutendes Plätzchen, was an einigen Fakten festzumachen war: Zum einen gab es keinerlei Industrie im Ort und der Ort lag in einer Sackgasse. Es gab also keine Straße, die strategisch bedeutsam gewesen wäre und der Unterbrechung im Krieg bedurft hätte. Auch die Eisenbahn verlief in etwa zwei Kilometern Luftlinie am Ort vorbei. Dort herrschte an manchen Tagen das pure Chaos. Doch im Ort blieb es ruhig.

Allerdings musste man auch in Steinbach hohe menschliche Verluste verkraften. 30 junge Väter, Kinder und Brüder hatten ihr Leben in diesem furchtbaren Krieg gelassen oder wurden noch vermisst. Auch mein Vater musste bis zum 31. Januar 1949 in Gefangenschaft bleiben. Vaters Bruder Helmut galt zunächst als vermisst, er kam jedoch nie mehr nach Hause zurück.

Zum Kriegsende zogen die Amerikaner für fünf Tage im Dorf ein. Als sie am zweiten Osterfeiertag

1945 in Richtung Siegen weiterzogen, versuchten die Einwohner, sich wieder im „normalen Leben" einzurichten. Nur war das nicht so einfach, wie gedacht. Denn es herrschte vielfach Mangel, insbesondere bei Bekleidung und Schuhen. Die Versorgungslage war zunächst noch relativ gut. Das sollte sich jedoch in 1946 ändern. Denn nach dem sehr kalten Winter spitzte sich die Versorgungslage immer weiter zu. Im Sommer trat der Kartoffelkäfer plötzlich in Massen auf. Unter der Bevölkerung ging das Gerücht um, die Amerikaner hätten die Kartoffelkäfer ausgesetzt. Das wurde vielfach geglaubt [1].

Im Herbst 1946 standen die Menschen in der Region vor einer sehr mageren Ernte. Das ließ für den kommenden Winter nichts Gutes erahnen. Im Januar 1947 befand man sich auf dem vorläufigen Höhepunkt der Not. Die Reserven waren weitgehend aufgezehrt. Die Zuteilungen über Bezugsscheine zum Erwerb von Lebensmitteln wurden immer geringer. Und es bestand kein Anspruch darauf, dass man die zugeteilten Lebensmittel auch tatsächlich erhielt [1]. Da war es erneut ein großer Vorteil, dass sich die meisten Familien durch die Landwirtschaft selbst ernähren konnten. Im Ort ließen sich die Bezugsscheine in drei Geschäften einlösen.

Ab Juni 1947 setzte der Kreistag die Schulspeisung durch. Alle Kinder wurden gemessen und gewogen. Wer Normalgewicht hatte oder gar zu schwer war, schied bei der Sonderzuteilung aus. Alle anderen Kinder erhielten nun an jedem Schultag 350 extra Kalorien.

In diesem Jahr ging ein furchtbar trockener und heißer Sommer übers Land, dem ein noch schlimmerer Winter folgen sollte. Da die Kühe nicht genug Futter finden konnten, gaben sie entsprechend weniger Milch.

Die Not zwang zu immer härteren Restriktionen. Ab November 1947 mussten von den Hausschlachtungen, die den Schweinebesitzer ohnehin von Bezug von Fleisch und Fett ausschloss, auch noch bestimmte Mengen Fett und Fleisch abgeliefert werden. Wer dieser Pflicht nicht nachkam, erhielt keine Schlachterlaubnis mehr. Ebenso mussten alle Geflügelhalter ab sofort ein Drittel ihres Bestandes abliefern [1].

Auch im Ort war das so. Wenn z.B. geschlachtet wurde, wurde das Schwein im Beisein des Ortsvorstehers gewogen. Ein bestimmter Anteil musste daraufhin abgeführt werden. Der Rest verblieb im Haushalt. Das gleiche galt bei der Kartoffel-, Rüben- oder Getreideernte. In allen Gesprächen mit Zeitzeugen wird stets betont, dass die Menschen in dieser Zeit vorbildlich zusammenhielten.

So wird berichtet, dass einmal eine Delegation mit Polizisten aus Haiger kam, um nach versteckten „Lagern" zu suchen. Die Polizisten stachen mit Degen in die Heu- und Strohhaufen, um „feste Gegenstände" aufzuspüren. Als sie wieder abziehen wollten, hatten sie in den Scheunen zwar nichts gefunden, fanden dafür aber vier platte Reifen an ihrem Auto vor. Es ist nie herausgekommen, wie das passieren konnte!

Erst in 1948 entspannte sich die Versorgungslage wieder.

Der Krieg hatte in den Köpfen der Menschen und auch bei meinen Vorfahren tiefe Spuren hinterlassen. So standen nach dem Krieg viele Familien ohne oder mit eingeschränkter männlicher Unterstützung da und mussten sehen, wie sie über die Runden kamen. In Mutters Familie musste niemand in den Krieg. Opa Emil war zum einen zu alt und zum anderen war er Bürgermeister des Ortes. Mutters Bruder Gerold war noch zu jung.

Die Bewohner kamen gerade wegen der eigenen Landwirtschaft gut durch die Zeit des Krieges und auch durch die genauso harte Zeit danach. Landwirtschaft zur damaligen Zeit ohne maschinelle Hilfsmittel war eine sehr mühsame und zeitaufwändige Angelegenheit. Es gab den Menschen jedoch eine gewisse Unabhängigkeit und Versorgungssicherheit. Gerade diese beiden Punkte haben nach dem Krieg so manche Entscheidung maßgeblich beeinflusst, wenn nicht sogar dominiert. Auch bei meinen Eltern, als sie die Entscheidung zum Bau einer eigenen Scheune treffen mussten. Dazu kommen wir später.

Wie in allen Dörfern kamen auch in Steinbach Anfang 1946 die ersten Heimatvertriebenen an. Sie wurden über das Auffanglager in Burg in die Ortschaften verteilt. Insgesamt sind 118 Personen aus 25 Familien in die damals 93 bestehenden Häuser einquartiert worden. Das führte in den einzelnen Häusern zu einer weiteren erheblichen Enge und großen Belastungen und nicht selten auch zu Spannungen. Denn es waren „wildfremde Menschen", die nun plötzlich mitten im Haus wohnten. Abgeschlossene Bereiche, wie sie heute für Mieter selbstverständlich sind, oder Rückzugsbereiche? All diese Begriffe kannten meine Vorfahren nicht. Da war gegenseitiges Vertrauen gefragt.

Jedem Bewohner standen sechs Quadratmeter Wohnfläche zu, Kindern bis 14 Jahren die Hälfte. Auf dieser Grundlage hatte der Bürgermeister die Aufgabe, die Flüchtlinge auf die einzelnen Häuser zu verteilen. Die Realität sah dann so aus, dass z.B. eine Zwei-Zimmer-Wohnung mit Küche von sechs Erwachsenen belegt werden musste. 42 Jahre später wird eine statistische Erhebung ergeben, dass jeder Deutsche im Durchschnitt über 34 m² Wohnraum verfügt [1].

So wohnten bereits seit 1943 im Haus von Opa Emil neben den fünf Familienmitgliedern auch eine Familie aus Frankfurt. Sie gehörten zu den sogenannten Ausgebombten. Ihre Tochter Marlu. wurde später meine Patentante. Dadurch herrschte im Haus eine bedrückende Enge. Damals ging Opa als Bürgermeister mit gutem Beispiel voran. Und bevor die Ausgebombten und Heimatvertriebenen in die übrigen Häuser einquartiert wurden, war er erst mal selbst an der Reihe.

Alleine die quasi nicht vorhandenen sanitären Anlagen beinhalteten großes Konfliktpotenzial. So gab es für die Aufgenommenen in der Regel nur eine Behelfsküche in einem der Räume. Bäder waren sowieso nicht vorhanden. Die Toilette, im Volksmund „Aborthäuschen" genannt, stand auf dem Hof. Auch diese Einrichtung mussten sich die Vertriebenen und die Bewohner teilen. Nicht selten benutzten zehn oder mehr Personen ein „Häuschen".

Während der Erntezeit halfen die Heimatvertriebenen auf den Feldern mit. Im Gegenzug bekamen sie dafür „Naturalien" in Form von Kartoffeln, Korn oder auch Obst.

Im Rückblick kann ich sagen, dass die Vertriebenen sehr schnell und nachhaltig in die Dorfgemeinschaft integriert werden konnten. Dabei trugen die gleiche Sprache und die weitestgehend einheitliche kulturelle Identität sowie der Wille, eine neue Existenz aufzubauen, wesentlich zum Erfolg der Integration bei. Da waren zum anderen die Kinder, die sofort die Schule besuchen mussten, wodurch es schnell zu vielen guten Freundschaften kam. Nur wenige Jahre später finden wir viele Ehen im Dorf, die zwischen Vertriebenen und Einheimischen geschlossen worden sind. Viele dieser Familien haben hier eigene Häuser gebaut und die meisten sprechen lupenreines „Steinbacher Platt". Sie haben hier ihre neue Heimat gefunden.

In den 1950er und 1960er Jahren veränderte sich das Bild des Ortes zusehends. Zum einen wechselte das Bild der Häuser. Die Besitzer folgten einem Modetrend, der besagte: Fachwerk - das ist etwas für arme Leute. Und da man nicht zu dieser Gruppe gehören wollte, baute man um. Sie rissen die Fachwerkmauern nacheinander heraus und ersetzten diese durch gemauerte Hohlblockwände. Leider finden wir heute nur noch sehr wenige Fachwerkhäuser im Ort. Das ist sehr schade, ist aber der damals herrschenden Grundstimmung geschuldet.

Zum anderen wurden neue Baugebiete am Ortsrand ausgewiesen und erschlossen. Sehr schnell schlossen sich dort die Lücken und neue Häuser entstanden, auch direkt im Ort, denn dort gab es genügend bebauungsfähige Plätze. Auch unser neues Haus entstand in dieser Phase. Parallel dazu erweiterte die Gemeinde die Infrastruktur, ließ Straßen asphaltieren, wobei gleichzeitig die Kanalisation, die Wasserversorgung und die Straßenbeleuchtung mit angepackt wurde. Denn gerade die Straßen bedurften der Anpassung an den langsam aber stetig wachsenden Verkehr. Es ging im Dorf steil voran.

In den 1970ern Jahren kamen dann noch die „Sahneprojekte" zur Umsetzung: Das neue Dorfgemeinschaftshaus mit der integrierten Feuerwehrstation und eine neue Friedhofshalle. Danach endete die Eigenständigkeit des Ortes, denn zum 1. Januar 1977 wurde der Ort im Rahmen der hessischen Gebietsreform in die Stadt Haiger integriert. Ab jetzt gingen die Uhren anders. Weil man in den vergangenen Jahren doch einiges an Schulden angehäuft hatte, gingen die Ortsteile in den folgenden Jahren erst einmal leer aus bzw. wurden auf Sparflamme gehalten. Erst Ende der 1990er Jahre sollten wieder größere Investitionen in die Kommunale Infrastruktur getätigt werden.

Eltern, Großeltern und Verwandtschaft

Mutters Elternhaus

Die Familie meiner Mutter Hildegard: Vater Emil (1904 bis 1987), Mutter Hedwig (1904 bis 1987) mit den Kindern Hildegard (1926 bis 2005), Emma und Gerold.

Mutter war die älteste der drei Geschwister. Von daher auch die erste, die den Bund der Ehe einging. Emma heiratete später Otto Weber, der nach dem

Krieg mit seiner Mutter und seinen beiden Geschwistern als Heimatvertriebener aus dem Sudetenland im Ort einquartiert war. Die Familie wohnte im Nachbarhaus. So knisterte es bald zwischen den beiden Jugendlichen. Nach der Hochzeit wohnten sie in Emmas Elternhaus gemeinsam mit Emmas Eltern. Aus der Ehe gingen zwei Söhne hervor.

Gerold heiratet Margot Franz. Sie bauten ein neues Haus ganz in der Nähe von Gerolds Elternhaus. Die Ehe blieb Kinderlos. Später adoptierten sie eine Tochter.

Vaters Elternhaus

Mein Vater Karl kam aus einem Haus mit sechs Familienmitgliedern. Vater Ewald (1891 bis 1981), Mutter Lina (1893 bis 1993) sowie seine Geschwister Gertrud, Erich, Helmut und Erhard. Vater wurde 1922 geboren und starb 2000.

Vaters Bruder Helmut galt nach dem Krieg als vermisst. Er hatte am Balkan gekämpft. Unzählige Versuche hatte Opa Ewald in seiner Eigenschaft als Bürgermeister unternommen, um an Informationen zum Verbleib von Helmut zu kommen. Am Ende blieben all diese Versuche ergebnislos. Es gab kein Lebenszeichen von ihm. Sein Schicksal konnte nicht entschlüsselt werden. So blieb zunächst nur die Hoffnung auf seine Heimkehr. Diese Hoffnung schwand jedoch im Laufe der Jahre immer weiter. Er kehrte nie zurück.

Vaters Schwester Gertrud war Anfang der 1950er Jahre bereits verheiratet. Sie wohnte mit ihrem Mann Gerold weiter im elterlichen Haus. Zur Familie gehörten in 1955 ihre beiden Söhne, damals ein und vier Jahre alt. Im Dezember dieses Jahres brach ein schreckliches Unglück über die Familie herein. Gerold verunglückte mit dem Motorrad auf glatter Straße tödlich. Nun mussten die beiden kleinen Jungen ohne ihren Vater aufwachsen. Die Familie versuchte alles, um diesen Verlust so weit als möglich kollektiv aufzufangen und zu mildern. So schlüpfte Opa Ewald in die Vaterrolle und die Onkel Erich und Karl halfen nach Kräften mit, um die Aufgaben des „Vaters" mit zu übernehmen.

Vaters Bruder Erich heiratete Leni, geb. Pulverich. Auch sie hatten ein neues Haus unweit des Elternhauses errichtet. Natürlich mit tatkräftiger Unterstützung der Verwandtschaft. Zur Familie gehörten drei Jungen. Leider verstarb der jüngste Sohn bereits im Alter von fünf Jahren.

Sein jüngster Bruder Erhard ehelichte etwas später Nelde Lenz aus Haiger und zog aus dem Ort weg. In der Nähe von Gießen errichteten auch sie ein eigenes Haus. Zur Familie gehörte ein Sohn.

Mit Ausnahme der adoptierten Tochter von Gerold und Margot bestand meine Generation der Familie also ausschließlich aus Jungen. Soviel zunächst zu den reinen Abstammungsdaten.

Opa Ewald übte von 1948 bis 1967, also 19 Jahre, das Amt des Bürgermeisters aus. Damals war er der Dienstälteste Bürgermeister in Hessen, was gegen Ende seiner Amtszeit durch die Verleihung des Bundesverdienstkreuzes durch Landrat Dr. Rehrmann besondere Anerkennung fand.

Wie wahrscheinlich in den meisten Familien, herrschte unter der Oberfläche ein gewisser „Konkurrenzkampf" zwischen den Geschwistern. In der Familie meines Vaters war das deutlich ausgeprägter als in der mütterlichen Familie. Insbesondere Mutter litt darunter, weil sie beim Gehen etwas hinkte. Ich glaube, sie hat dieses Gefühl der Schwäche bis zu ihrem Tod nie wirklich überwunden.

Natürlich spielte auch die Entwicklung der Kinder eine wesentliche Rolle innerhalb der Familien. Wer geht wo zur Schule, wer hat welche Erfolge vorzuweisen, wer macht welche Ausbildung? Wer ist erfolgreich und wer schwächelt? Das wurde stets im Kontext der Gesamtfamilie gesehen. Meine eigene Geschichte wird dazu einen weiteren Beitrag leisten. Doch dazu später mehr.

Hier noch eine Besonderheit aus dieser Zeit: Zu Opas Aufgabe gehörte es auch, abends die Straßenlampen des Ortes an- und morgens wieder auszuschalten. Dazu befand sich in seiner Scheune ein großer Schalter, den er zweimal täglich betätigen musste.

Wann diese Funktion automatisiert wurde, ist nicht mehr ermittelbar.

Insgesamt verbrachte ich deutlich mehr Zeit im Umkreis von Opa Emil und Oma Hedwig. Ganz einfach deshalb, weil sie quasi gegenüber wohnten und unsere Haushalte doch enger verwoben waren. Mein anderer Opa wohnte am Ende des Dorfes, oben am Berg. Daher nannten wir ihn „Bergopa" und die Oma „Bergoma". Im Gegensatz zu Opa Emil besaß er keinen Führerschein.

Das neue Haus und ein „Baukind"

Als Vater am 31. Januar 1949 aus der französischen Gefangenschaft zurückkehrte, ging es zunächst darum, nach all den unwirklichen Erlebnissen der vergangenen Jahre wieder Fuß zu fassen. Über die Zeit des Krieges und der Gefangenschaft hat er, wie die meisten Soldaten, nie gesprochen. Er nahm seine Tätigkeit bei der „Dyna", so nannten sie im Dorf die Dynamitfabrik Nobel im Nachbarort Würgendorf, wieder auf und heiratete am 3. November 1951 seine Frau Hildegard. Sie wohnten zunächst bei ihren Eltern in einem eigenen Zimmer.

Zur damaligen Zeit war der November eine typische Jahreszeit für eine Hochzeit. Denn in der Zeit von März bis Oktober hatte man einfach keine Zeit zum Heiraten. Die Arbeit ging immer vor. Das bezeugt auch der Hochzeitstag meines Opas Emil mit meiner Oma Hedwig. Sie heirateten am 24. Dezember, also an Heiligabend! Diesen besonderen Tag feierten sie, so lange ich denken kann, bis zu ihrem Tod in 1987 jedes Jahr mit der gesamten Familie. 62 Jahre haben sie zusammen verbracht, zwei Kriege überstanden und stets das Wohl der Familie im Auge gehabt. Am Hochzeitstag kam die gesamte Familie in der Küche der Großeltern zusammen, wobei der Kreis wegen der weiteren Nachkommen immer größer wurde. In der Küche wurde es daher über die Jahre immer enger. Jedes Jahr reichte Oma Rippchen mit Kraut und dazu Brot. Die Bescherung von uns Kindern schloss sich an. Da mussten alle anderen Familienkonstellationen zurücktreten. Dieser Tag war im Hause meiner Großeltern gesetzt.

In 1952 begannen meine Eltern damit, ein eigenes Haus zu planen. Denn im Haus meiner Großeltern herrschte mittlerweile große Enge. Doch wohin könnten sie bauen? Ein Grundstück gegenüber meinen Großeltern mütterlicherseits war der Favorit. Die Gemeinde genehmigte die Anfrage und so konnte es in 1953 losgehen.

Damals wurde Mutter schwanger.

Meine Eltern bauten eines dieser typischen Nachkriegshäuser. Etwa 65 Quadratmeter pro Stockwerk, insgesamt eineinhalb Stockwerke und dazu noch den

Keller. Jeweils drei Zimmer im Erd- und im Dachgeschoss. Im Erdgeschoss hatten sie auch das Bad eingeplant, allerdings ohne Toilette. Die befand sich in einem kleinen Vorbau neben dem Eingangsbereich. Im Bad selbst gab es eine Badewanne mit einem Badeofen für Holz- oder Kohlefeuerung sowie ein Waschbecken. Es strömte im Normalfall allerdings nur kaltes Wasser aus den beiden Wasserhähnen. Denn warmes Wasser gab es nur am „Badetag", wenn der Badeofen angeheizt war. Und das war in der Regel am Samstag. Denn sonntags wollte man ja sauber sein. Am Sonntag trug man die besten Klamotten, besuchte den Gottesdienst sowie Verwandte oder Freunde. Sonntags war bis auf zwei Ausnahmen all die Mühe und die viele Arbeit vergessen: Morgens und abends verlangten Kühe, Schweine und Hühner nach Futter. Dazwischen war Sonntag!

Doch bevor die ersten Steine gesetzt werden konnten, musste die Baugrube ausgehoben werden – im Handbetrieb! Ein Bagger: viel zu teuer. So machten sich alle aus der Familie, Männer und Frauen, daran, das Loch auszuheben und die Erde mit Schubkarren herauszufahren. Nach etwa sechs Wochen hatten sie es geschafft. Als nächstes waren die Fundamente an der Reihe. Auch diese schaufelten sie per Hand selbst heraus. Das Gießen der Fundamente übernahm allerdings nicht etwa eine Baufirma, die mit einem Betonmischer vorfuhr. Nein. Den Beton mischten sie selber, natürlich per Hand. Und um möglichst wenig Beton zu verarbeiten, hatten sie bereits im Vorfeld einen riesigen Haufen dickere Steine im Wald gesammelt und mit dem Kuhgespann zur Baustelle gefahren. Ebenso sortierten sie die Steine, die beim Aushub zum Vorschein kamen aus, um sie in den Fundamenten wieder zu verarbeiten. Und so ging es jeden Tag einen kleinen Schritt voran. Alles in Handarbeit und alles neben der täglichen Arbeit in der Fabrik und in der Landwirtschaft.

Dazwischen schob sich noch meine Geburt. Es war eine spannende Geburt an einem Samstagabend im Januar 1954. Wie damals üblich, sollte die Geburt zu Hause erfolgen. Die Hebamme, die Mutter betreute, wohnte im Nachbarort.

Als Mutter nachmittags spürte, dass die Wehen kamen, schickte sie Vater los, um die Hebamme zu holen. Zum Glück hatte Opa Emil da schon seinen VW-Käfer, so dass die beiden fahren konnten. Es sollte aber noch etwa eine Stunde dauern, bis sie leider ohne die Hebamme zurückkamen.

Unterdessen fiel im Haus der Strom aus. Es begann bereits zu dämmern. Mutter wurde nervös. Eine Geburt im Dunkeln? Das hatte ihnen gerade noch gefehlt. Da der Defekt nicht im Haus lag, war es demnach ein Netzproblem. Mutters Bruder Gerold kannte sich mit elektrischen Themen ganz gut aus. Und da nicht damit zu rechnen war, dass vom Versorger schnell jemand kommen würde, nahm er die Sache in die eigene Hand. Im Ort gab es zwei Verteilstellen: Im Transformatorenhaus und in einem kleinen Häuschen an der Schule. Dort lief er zuerst hin und wurde fündig. Eine der Hauptsicherungen hatte ausgelöst. Wahrscheinlich war durch die vielen Neubauten das Netz wieder einmal überlastet oder im Dorf hatte jemand einen größeren Verbraucher zugeschaltet. Er verstärkte die Sicherung mit Alufolie und schon brannte das Licht wieder.

Inzwischen war auch die Hebamme vor Ort. Gegen 19 Uhr wurde dann ein gesunder Junge geboren. Auf die Frage der Hebamme, wie der Junge heißen sollte, sagte Mutter spontan: Hans Georg.

Das neue Haus im Rohbau.

So verwundert es nicht, dass es etwas länger als zwei Jahre dauern sollte, bis meine Eltern mit ihrem kleinen Sohn 1955 ins neue Haus umzogen. Allerdings befand sich das Haus noch längst nicht in einem guten bewohnbaren Zustand. Küche und Schlafzimmer waren „bewohnbar" und sehr spartanisch möbliert. Auch die Toilette im Vorbau funktionierte. Alle anderen Zimmer sollte Vater im Laufe der nächsten Monate mit Hilfe der Verwandtschaft erst noch fertigstellen.

Wie meine Eltern das Haus finanziert haben, erschließt sich mir bis heute nicht. Vater arbeitete damals als Fabrikarbeiter bei Dynamit Nobel in Würgendorf. Einen Beruf hatte er nicht gelernt. Im Alter von 15 Jahren begann er seine berufliche Tätigkeit bei „Schrott-Jäger" in Dillenburg. 1942 bekam auch er, wie nahezu alle jungen Männer im Verlauf des Krieges den Einberufungsbescheid zur Wehrmacht. Er war damals 20 Jahre alt. Er kehrte im Alter von 27 Jahre zurück. Sieben Jahre seines Lebens wurden ihm gestohlen. Und was musste er nicht alles im Krieg erleben oder tun?

Mutter arbeitete nach dem Krieg mit anderen Frauen aus dem Ort zeitweise in der Forstwirtschaft. Sie pflanzten unter der Anleitung des Försters junge Bäume und brachten den Wald in Ordnung. Aber die meiste Zeit packte sie zu Hause im Haushalt sowie in der Landwirtschaft mit an. Die Kinder, der Haushalt, der eigene Garten und die Landwirtschaft waren ihr Revier. Sie steuerte also kaum aktiv zum Einkommen der Familie bei. Bei genauem Hinschauen jedoch sehr. Denn durch ihre Arbeit zu Hause konnte die junge Familie nahezu komplett auf Nahrungsmittel aus Geschäften verzichten. Es war ja alles vorhanden, was wir zum Leben brauchten. Natürlich ohne den heute gängigen Luxus.

Vater, Mutter und ihr kleiner Sohn. Damals wohnten wir noch bei meinen Großeltern.

Einen Führerschein hatte sie nicht gemacht. Das wäre auch untypisch gewesen. Damals kam der Arzt noch ins Haus und einkaufen konnte sie in den mittlerweile fünf Geschäften des Ortes. Wofür brauchte sie ein Auto? Sie war ja eh immer zu Hause bzw. im Dorf. Es stellte sich jedoch im Laufe der Zeit als deutlicher Nachteil heraus.

Zurück zu unserem neuen Haus: In der Folge stellte Vater aber nicht das untere Stockwerk für uns fertig, sondern das Obere. Das Ziel: Diese drei Räume sollten vermietet werden, was dann auch geschah. Unterm Dach zog eine Familie mit ihrem Sohn ein. Die Nebeneinnahmen konnten die Eltern gut gebrauchen. Das schränkte allerdings unser Leben erneut gewaltig ein. Denn oben gab es kein Bad. Und so nutzen die Mieter unser Bad und auch die Toilette im Vorbau mit.

Unser Haus Ende der 1950er Jahre.

Erst im nächsten Schritt kümmerte Vater sich dann um die weiteren Zimmer auf unserer Etage und den Keller. Natürlich blieb unsere Familie auch weiterhin landwirtschaftlich aktiv. Denn die Selbstversorgung mit eigenen Lebensmitteln trug wesentlich zur Kosteneinsparung bei. Die dazu benötigte „Hardware" in Form von Kühen, Schweinen und Hühnern „wohnte" bei Opa Emil in der Scheune bzw. in dessen Stall zusammen mit den übrigen Tieren der Familie. Kartoffeln und Getreide teilte man nach der Anzahl der Personen. Milch, Butter und Gemüse gab es reichlich. Wie es mit der Landwirtschaft in unserer Familie weiterging, erzähle ich später.

Diese Zeit verlangte allen alles ab. Hier ein typischer Tagesablauf meines Vaters: Vater und Mutter standen gegen 4:30 Uhr auf. Vater wusch sich am Waschbecken, natürlich mit kaltem Wasser und Kernseife. Unterdessen zündete Mutter das Feuer im Kochherd an, damit sie ihm eine Tasse Kaffee sowie für die Arbeit eine Thermoskanne Kaffee kochen konnte. Die Tasse Kaffee hatte allerdings mit heutigem Kaffeegeschmack nicht viel gemeinsam. Der Volksmund nannte das „Zeug" Muckefuck, ein abwertender Begriff für diesen schwachen Bohnenkaffee oder auch kaffeeähnliche Getränk aus Surrogaten wie Zichorie, geröstetem Roggen oder gemälzter Gerste. Im Geschäft gab es diesen Kaffee unter der Markenbezeichnung Lindes-Kaffee. Er roch wie altes Heu, schmeckte ziemlich bitter und erinnert an vergammeltes Gras oder an eine schlecht zubereitete Löwenzahnwurzelsuppe [2]. Böse Zungen behaupteten: Das einzige, was Muckefuck mit Kaffee gemeinsam hatte, war seine Farbe. Mitte der 1960er Jahre kostete ein Pfund Bohnenkaffee 4,50 DM. Im Vergleich zum Einkommen ein wirklicher Luxusartikel.

Mutter schmierte ihm auch die Brote. Der Aufstrich bestand zu der Zeit aus selbst hergestellter Butter oder Schmalz. Dazu etwas getrocknete Wurst aus der eigenen Schlachtung.

Kurz danach machte er sich mit seinem „Bündel" auf den Weg zur Fabrik. Natürlich zu Fuß. Ein Motorrad oder gar ein Auto besaß er damals noch nicht. Da aus dem Ort mehrere Männer dort arbeiteten, trafen sie sich morgens am Rande des Dorfes. Von dort ging ein Pfad auf dem direkten Weg zur „Dyna". Das Produktportfolio umfasste im Wesentlichen Sprengstoffe und auch Waffen. Der Fußweg dorthin dauerte etwa eine dreiviertel Stunde, so dass sie pünktlich um sechs Uhr vor Ort waren. Bei Schnee dauerte es entsprechend länger. Dann gingen sie eben früher los und wenn viel Schnee lag, mussten sie erst einmal den Pfad begehbar machen. Wenn es ganz schlecht lief, mussten sie nachmittags auf dem Rückweg gleich noch mal ran. Das kam in den 1950er Jahren gar nicht so selten vor. Andere, die zum Bahnhof ins Nachbardorf Rodenbach liefen, hatten dieselben Probleme im Winter.

Um 8:45 Uhr und um 11:30 Uhr erschallte die Sirene der Fabrik zur Pause. Sie bläst im Übrigen heute noch und ist bei guten Windverhältnissen bei uns zu hören. Für die Dorfbewohner damals ein wichtiges

Signal zur Mittagszeit. Denn nur die wenigsten besaßen eine Uhr.

Die Dynamitfabrik stand im Ruf, ein gefährlicher Ort zu sein. So fanden z.B. am 12. Juli 1911 acht Arbeiter den Tod. Im September 1971 mussten zwei Tote beklagt werden. Um diese Uhrzeit explodieren ein Menghaus, ein Sprengöl-Abwiegehaus und ein Sprengöllager mit 2000 kg Nitroglyzerin [2]. An diese Explosion kann ich mich noch gut erinnern. Nach dem lauten Explosionsknall liefen die Menschen im Dorf zusammen, weil sie schon ahnten, dass es mal wieder bei der „Dyna" geknallt hatte. Damals waren viele Männer aus dem Ort dort beschäftigt. Doch wie sollten sie an Informationen kommen? Da mussten sie warten, bis die Männer zu Hause eintrafen oder das Radio die Situation in den Nachrichten aufgriff. Dann wussten sie zwar, was passiert war, aber noch immer nichts über den Verbleib ihrer Männer. In 2002 starb ein weiterer Mitarbeiter beim Mischen von Sprengstoff. In allen Fällen entstand auch erheblicher Sachschaden. So waren die Angehörigen immer in einer gewissen „Unruhe", wenn die Männer „auf der Schicht" waren und jeden Nachmittag froh, sie wieder gesund begrüßen zu können.

Um 15 Uhr blies die Sirene erneut. Schichtende. Jetzt ging es wieder durch den Wald zurück nach Hause. Dort angekommen, gab es eine Kleinigkeit zu Essen und dann ging es zu den nächsten Stationen. Die Arbeit in der Landwirtschaft duldete keinen

Aufschub oder Vater arbeitete am Haus weiter. Er konnte sich bei den meisten Arbeiten selbst gut behelfen. So endete sein Tag vom Frühjahr bis Herbst nicht vor 21 Uhr, oft auch erst später. Und am nächsten Tag der gleiche Ablauf.

Allerdings galt bis 1957 noch die Sechstage-Arbeitswoche. 48 Stunden Arbeiten in der Woche war die Regel. Das verengte das Zeitfenster für andere Tätigkeiten zusätzlich. In 1957 wurde die Arbeitszeit auf 45 Stunden abgesenkt. Ab 1966 führte man die Fünf-Tage-Woche, zunächst jede zweite Woche, ein. Erst seit 1967 konnten sie den arbeitsfreien Samstag genießen. Dazu strich man den Reformationstag als Feiertag. Urlaubsanspruch bestand für 12 bis maximal 18 Tage, je nach Alter und Werkzugehörigkeit. Den Urlaub nutzte Vater entweder zum Hausbau oder in der Erntezeit. Erst 1989 sollten alle Arbeitnehmer Anspruch auf 30 Tage Urlaub besitzen.

Eine Belastung, die heute unwirklich erscheint. Aber unsere Vorfahren haben sich dieser Herausforderung gestellt und sie gemeistert. Sie haben das Land und die eigene Existenz nach dem Krieg wiederaufgebaut und ihren Familien und Nachkommen so zu einem besseren und am Ende auch leichteren Leben verholfen. Heute werden sie und unsere Generation dafür von Teilen der jungen Generation angeklagt.

Nachdem wir das neue Haus bezogen hatten, trafen die Eltern eine weitere wichtige Investitionsentscheidung: Sie kauften in 1956 ein eigenes Auto. Einen gebrauchten blauen VW Käfer mit 30 PS. Der Neupreis betrug zu dieser Zeit zwischen 3.800 und 4.500 DM je nach Ausstattung. Was die Eltern für ihren Gebrauchten bezahlt haben, weiß ich nicht.

Jetzt wurde es langsam interessant. Denn die nun erworbene eigene Mobilität sprengte unsere Vorstellungen. Klar - Vater nutzte das Auto im Wesentlichen für die Fahrt zur Arbeit oder wenn er Material zum Bauen benötigte. Doch ab und zu fuhren wir auch am Sonntag damit „spazieren". So nannte man das damals. Anstelle eines Fußmarsches spazierten wir eben mit dem Auto. Zum Beispiel über den Westerwald oder ins Sauer- oder Hinterland. Da gab es viel zu entdecken.

Mein Bruder und ich saßen während der Fahrten auf der Rückbank. Wie alle Insassen natürlich nicht angeschnallt. Denn Gurte und Kindersitze hatten die Autos damals noch nicht. Vorne hatte Mutter den Atlas auf dem Schoß – ohne dass sie immer genau wusste, wo wir uns gerade befanden - und Vater rauchte wie selbstverständlich eine Zigarette. Hinzu kam, dass im Sommer im Auto extreme Temperaturen herrschten. Trotzdem waren diese Fahrten etwas Besonderes. Zeugten sie doch von einem gewissen, wenn auch kleinen, Wohlstand. Wir genossen es!

Einmal im Jahr luden uns die Eltern zu einem großen Ausflug ein, wie in den Zoo oder in den Palmengarten nach Frankfurt. Erlebnisse, die unvergessen bleiben. Da war ich aber bereits sieben oder acht Jahre alt. Nebenbei: Der Liter Benzin kostete damals zwischen 60 und 70 Pfennig. Das mag uns billig erscheinen, im Vergleich zum Einkommen jedoch ein sehr stolzer Preis, machte eine Tankfüllung doch etwa 5% des Monatseinkommens aus.

In 1955 wechselte Vater den Arbeitgeber und arbeitete jetzt auf der Schelderhütte in Niederscheld als Former in der Gießerei. Er verdiente dort deutlich mehr, als bei der „Dyna" und die Arbeit war bei weitem nicht so gefährlich. Mutter beruhigte das sehr. Sie produzierten in diesem Werk Gusseiserne Badewannen und Waschbecken. Auch Schwager Gerold schlug dort später seine Zelte auf. So konnten sie sich ab 1956 beim Fahren abwechseln.

Opa arbeitete damals in der „Burger Hütte", die ebenfalls zur Buderus AG gehörte, als Meister. Einige Jahre späte ernannte man ihn zum Mitglied des Aufsichtsrats der zum Flick-Konzern gehörenden Buderus AG. Dazu kommen wir noch.

Opa hat uns einmal zur Schelderhütte in die Gießerei mitgenommen, um zu sehen, wie „sauer" Vater sein Geld verdiente. In meiner Erinnerung sehe ich eine große Halle, in der es laut, heiß und sehr schmutzig zuging. Es roch nach Feuer und Eisen. Die Fenster hatten sich wegen des Sandes und der Hitze weitestgehend abgedunkelt. Kein schöner Ort, um sich dort sechs Tage in der Woche acht Stunden lang aufzuhalten. Vaters Aufgabe bestand darin, die Formen für die Wannen und Waschbecken so vorzubereiten, dass der Gießer das flüssige Eisen hineingießen konnte. Dazu befüllte er die großen Formen mit „Gießereisand". Eine schwere Arbeit, die ihn tagsüber viel Kraft kostete. Aber er brauchte ja auch noch Energie für die Arbeit nach der Arbeit zu Hause. Da kam die Rückfahrt von einer halben Stunde zur Erholung gerade recht.

In 1958 erblickte mein Bruder Wolfgang die Welt. Ein strammes Kerlchen. Jetzt schliefen wir zu viert im Elternschlafzimmer. Spätestens jetzt machte sich im Haus eine beklemmende Enge breit. Da auch unsere Mieter Nachwuchs erwarteten, zogen sie ein Jahr später bei uns aus. Jetzt hatten wir endlich das Haus für uns alleine. Unten die Küche, das kleine Bad, das Wohn- und ein Schlafzimmer und oben drei weitere Zimmer. Wir wussten zunächst gar nicht, was wir mit dem ganzen Platz anfangen sollten. Ich zog direkt nach oben. Wolfgang schlief zunächst noch im Elternschlafzimmer.

Doch eine alte Weisheit besagt: Wo Platz ist, wird auch hingestellt. Das sollte sich auch bei uns bewahrheiten.

Wie alle Männer, rauchte mein Vater Zigaretten. Meist Ernte 23 oder HB (Werbung: Wer wird denn gleich in die Luft gehen. Greife lieber zur HB). Dass es im Haus ständig nach Zigarettenqualm „stank", störte damals noch niemanden. Es rauchten ja alle Männer, das war ganz normal. Die verschärfte Form davon praktizierten meine beiden Opas. Emil rauchte „Batavia-Tabak" in der Pfeife. Ein fürchterliches Kraut mit einem entsprechenden Geruch (Gestank). Und Opa Ewald sprach Zigarren zu. Beim Rauchen zunächst ein nicht so unangenehmer Geruch, der jedoch beim Erkalten beißend wird. Doch es gehörte damals zum guten Ton. Rauchen und Männer – das gehörte irgendwie zusammen.

Wieviel Geld im Laufe eines Lebens dabei buchstäblich in die Luft geblasen wird: Wer will es wissen?

Unser „Kindergarten"

Unser „Kindergarten" bestand aus den umliegenden Häusern und Grundstücken, letztlich aus dem gesamten Dorf. Denn einen echten Kindergarten mit Erzieherinnen gab es zu meiner Kinderzeit noch nicht. Weder in unserem Dorf noch in den Nachbardörfern. Lediglich die Stadt Haiger betrieb eine solche Einrichtung. Da unsere Gemeinde zu dieser Zeit noch eigenständig agierte, hatte man auf diese Plätze keinen Zugriff. Ganz abgesehen von der Frage, wie die Kinder dorthin und wieder zurückkommen sollten. So fand das erste Zusammentreffen mit dem staatlichen Bildungswesen an meinem ersten Schultag in der Volksschule statt. Damals war ich sechs Jahre alt.

Anstelle des Kindergartens trafen wir uns mit den gleichaltrigen Kindern aus der Nachbarschaft und erkundeten das Umfeld um die Häuser oder auf der Straße. Dabei erweiterten wir stetig den Radius und eroberten so ständig neue Areale, machten neue Erfahrungen und lernten fürs Leben. In der Nachbarschaft lebten etwa sechs gleichaltrige Kinder. Das war ja fast wie im Kindergarten. Das Beste: Vor unserem Haus verlief ein kleiner Bach. Wie konnten wir darin plantschen, Schiffchen schwimmen lassen oder den Bach einfach anstauen. Nicht selten musste Mutter mich am Tag mehrfach umziehen, weil die Kleidung wieder einmal nass geworden oder ich hineingefallen war. Dazu gestaltete sich das Spielen auf der Straße als völlig ungefährlich. Tagsüber kamen keine fünf Autos hier vorbei. Dafür allerdings öfters Fuhrwerke, denen in der Regel zwei Kühe vorgespannt waren. Die Ladung bestand je nach Jahreszeit aus einer Ladung Mist, aus Holz zum Heizen, aus Kartoffelsäcken, aus Heu oder Getreide. Manchmal saßen auch nur Menschen darauf.

Die Eltern hatten zumindest vom Frühjahr bis Herbst kaum Zeit, um sich groß um uns Kinder zu kümmern. Dennoch hatten sie stets ein Auge auf uns.

Als ich vier Jahre alt war, errichtete man in der Nachbarschaft eine neue Mauer, die das Grundstück der Nachbarn zur Straße abgrenzen sollte. Die Mauer war etwa 80 Zentimeter hoch. Die Nachbarn planten, auf der Mauer später einen Gartenzaun anzubringen, um die Hühner, die dort frei herumliefen, an der Flucht zu hindern. Deshalb hatten sie in die Mauer Flaschen eingelassen, um in diesen Löchern später die Pfosten für den Zaun zu platzieren.

Diese Mauer übte natürlich einen gewissen Reiz auf uns Kinder aus, insbesondere um darauf herum zu balancieren und die Löcher zu ergründen. Ich erforschte eines dieser Löcher mit meinem kleinen Fuß und – blieb drinstecken. Der Fuß ging nicht mehr raus. Jetzt war guter Rat teuer. Es war früher Nachmittag.

Im Haus wohnten alteingesessene Steinbacher, im Dorf Gritts genannt. Mutter Hilda bewachte das Haus. Als sie mitbekam, was dort gerade vor sich ging, kam sie aus dem Haus gelaufen. »Warte Junge, ich versuche dir zu helfen«. Doch was sie auch anstellte, es gelang nicht. Meine Freunde alarmierten unterdessen Mutter, die kurze Zeit später mit Oma Hedwig am Ort des Geschehens eintraf.

»Damit eines klar ist: Seht zu, wie ihr den Jungen hier rausbekommt. Die Mauer wird nicht angefasst«, gab die Hausherrin im besten Befehlston von sich. Oma Hedwig versuchte, sie zu beschwichtigen. »Denk an den Jungen, die Mauer können wir wieder

reparieren«. »Nix da. Die Mauer wird nicht ange-
rührt«, war ihr letztes Wort bevor sie im Haus verschwand.

»Ich habe den Kindern immer gesagt, haltet euch
von denen fern. Die legen sich mit jedem an«, drehte
sich meine Mutter zu Oma Hedwig um. »Na ja, es
sind Kinder. Die sehen erst einmal in jedem einen guten Menschen«, gab Oma Hedwig zu Bedenken. Was
sollten sie jetzt tun? »Wir werden wohl warten müs-
sen, bis die Männer nach Hause kommen«.

Im Nachbarhaus betrieben Karl und Ursula Kloft,
im Dorf „Klofts" genannt, ein Lebensmittelgeschäft
mit einer Gastwirtschaft. Als sie mitbekamen, was in
der Nachbarschaft vor sich ging, kam Karl mit einigen
Süßigkeiten bewaffnet, zum „Tatort". »Damit ihr den
Jungen bei Laune halten könnt, bis er wieder frei ist«,
munterte Karl uns auf und ich begann damit, diese zu
essen. Mein Fuß wurde langsam immer dicker und
die Wahrscheinlichkeit, dass er jemals ohne Beschädi-
gung wieder aus der Mauer herauskommen sollte,
schrumpfte von Minute zu Minute. Oma Hedwig
holte unterdessen Lappen und tränkte sie mit kaltem
Wasser. Doch es half nichts. Der Fuß steckte fest.

Endlich bog um halb vier Opas VW Käfer, in dem
auch Vater saß, um die Ecke und blieb sofort stehen,
nachdem er die bekannten Gesichter sah. »Wie
kommt der Junge denn in das Loch« runzelte Vater
die Stirn. »Sag lieber, wie er wieder rauskommt. Die
„Alte" hat uns verboten, die Mauer anzurühren«,

klang Mutter schon leicht verzweifelt. »Da machen wir keine langen Faxen. Ich hole den großen Hammer und den Meisel, was interessiert mich die blöde Mauer. Der Junge muss da raus«.

Kurze Zeit später war das Problem gelöst. Vater setzte zweimal mit Meisel und Hammer an und der Fuß war frei. Mutter nahm mich in die Arme. «Das werdet ihr noch bereuen. Wartet ab, bis der Vater zu Hause ist«, grölte die Hausherrin aus dem Fenster. Doch Vater und auch Opa Emil interessierte das nicht. »Gib Ruhe. Wir reparieren eure Mauer wieder, Hauptsache, der Junge ist raus«.

Keuchhusten

Im 5. Lebensjahr erwischte mich der Keuchhusten. Eine Impfung dagegen gab es zu der Zeit noch nicht. Heute wird eine Impfung für Kinder empfohlen und falls er auftritt, behandelt man ihn mit Antibiotika [2]. Ich bin damals nicht in den Genuss dieser Medikamente gekommen.

So wandte man bei mir die bis dahin geläufige Therapie an: Husten lassen und so oft es geht Ausflüge auf möglichst hoch gelegene Berge machen. Die Höhenluft sollte gut gegen Keuchhusten wirken. So fuhren wir, so oft es ging, mit Vaters oder Opa Käfer zur Fuchskaute, dem mit 657 Metern höchsten Berg des Westerwaldes. Etwa 20 Kilometer von uns entfernt.

Dort gingen wir auf dem hoch gelegenen Plateau spazieren und atmeten die gute Luft ein. Wir waren jedoch dort nie alleine. Ganze Heerscharen von Kindern mit Keuchhusten besuchten diesen Berg in dem Glauben, dass das helfen würde. Auch trafen wir immer wieder Kinder aus dem Dorf oder den Nachbargemeinden. Es war eben die Standardbehandlung für diesen Fall.

Nachts überfielen mich dann heftige Hustenanfälle. So sollte es etwa vier Wochen dauern, bis die Infektion langsam abklang. Eine harte Zeit, die man mit heutigen Methoden der Impfung ganz einfach umgehen kann.

Das Leben im neuen Haus

Keine Experimente in der Küche

In unserem neuen Haus glänzte die Küche nach dem Umzug in 1955 durch eine sehr spartanische Einrichtung. Ein Kochherd für Holzfeuerung, dazu ein Waschbecken, ein Tisch mit drei Stühlen, ein Küchenschrank und ein Sofa. Soweit ich mich erinnere, besaßen damals alle Küchen in unserer Großfamilie ein Sofa. Über dem Sofa thronte das Radio von Grundig, ausgestattet mit UKW und Mittelwelle. Auf dem hörte Vater, falls er mit der Arbeit fertig war, um Acht die Nachrichten und im Winter am Samstagnachmittag die Fußball Übertragungen. Das Sofa nutzen mein Bruder und ich auch gerne mal zum Ausruhen. Besonders liebten wir es, gemeinsam mit Vater auf dem Sofa zu liegen. Beim Essen waren dort „hinter dem Tisch" unsere Plätze.

Den gesamten Tag trug Mutter einen Kittel. Während der Woche eher kariert oder gemustert. Dazu nutzte sie einen Kittel für den Stall und einen Kittel für die Küche oder sonstige Arbeiten im Haus. Nur an Sonn- oder an Geburtstagen kam der weiße Kittel zum Einsatz. Das sah dann auch gleich viel schicker und vornehmer aus.

Mutter hatte es mit dem Essen nicht so leicht. Mittags, wenn wir Kinder aus der Schule kamen, gab es etwas „Warmes" zu Essen. Vater traf gegen halb Vier Uhr ein. Auch ihm kochte Mutter meist etwas Warmes, nicht selten aß er auch das Aufgewärmte vom Mittag. Es sei denn, es war Erntezeit und sie bearbeiteten die Äcker und Wiesen. Dann lag schon mal ein Zettel auf dem Küchentisch, wo wir sie finden würden und dazu ein geschmiertes Brot. In diesen Fällen ging es gleich weiter aufs Feld, um die Familiengemeinschaft zu unterstützen.

Sonntags musste sie nur einmal kochen. Mutter kochte gut. Meist einfache Gerichte mit dem Basisprodukt Kartoffeln. Damit traf sie genau meinen Geschmack. Bei einigen Gerichten war ich allerdings raus: Reis- und Grießbrei sowie bei kaltem Fisch, wie

z.B. Hering. Dann schmierte ich mir ein Brot. Eher selten briet Mutter mir eine „Extrawurst" in Form von
einem Spiegelei.

Die Bedienung des Kochherds mit Holzfeuerung
bedurfte viel Erfahrung beim Kochen. Besaß die
Oberfläche nicht die erforderliche Temperatur, gestaltete sich der Garprozess schwierig und langwie-
rig. Das musste sie über das Nachlegen der Holz-
scheite steuern.

*Der Kochherd mit Holzfeuerung und
„Warmwasserschiffchen".*

Der Kochherd besaß auch einen kleinen Backofen
sowie ein kleines Warmwasserschiffchen mit sechs
Litern Inhalt. Ein kleiner Behälter, der direkt über der

Rauchgasführung saß. Diese sechs Liter stellten unseren gesamten Warmwasservorrat dar. Da dieses „Schiffchen" nicht isoliert war, kühlte das Wasser schnell wieder ab, sobald das Feuer abgebrannt war, was insbesondere im Sommer passierte. Ein kleiner Komfort auf wackeligen Füßen.

Zu den ständigen Mitbewohnern der Küche zählten die Fliegen. Unzählige „Biester", die den Aufenthalt in der Küche verdrießlich machten. Um ihnen zu Leibe zu rücken, spannte Mutter einen Fliegenfänger auf. Ein mit Klebstoff und mit Duftstoffen beschichteter Streifen. Der zog die Tiere an. Waren sie gelandet, blieben sie kleben und verendeten. Was aber nichts half. Ich hatte den Eindruck, dass diese Fliegen sich umso schneller vermehrten, je mehr davon am Streifen hingen.

Den Backofen des Kochherds nutzte Mutter nur selten. Zum Backen gab es ja schließlich das Backhaus mitten im Ort. Im Jahr 1562 hatte man den Bau von Backhäusern für alle Ortschaften gesetzlich festgeschrieben. Der Grund lag in dem sehr hohen Holzverbrauch, u.a. auch durch Brot- und Kuchenbacken in den Häusern. Wobei an dieser Stelle gesagt werden muss, dass die im späteren Mittelalter immer stärker aufkommende Herstellung von Holzkohle zur Eisenverhüttung wesentlich stärker zur Abholzung der Wälder beigetragen hat. Es handelte sich dennoch um eine Maßnahme zur Energieeinsparung. Bereits 1542 ist zum ersten Mal ein Backhaus im Dorf ausgewiesen. Dieses erste Backhaus wurde im Jahr 1666 durch ein neues „Backes" ersetzt.

Das Backhaus. Im Hintergrund das Spritzenhaus.

Die Reihenfolge beim Backen loste man aus. Dafür war der Gemeindediener verantwortlich. Mittwochs und samstags wurde durch das 11 Uhr-Läuten zu dieser Verlosung aufgefordert. Sobald bei uns das Backen von Brot oder Kuchen anstand, nahm Mutter an diesen Verlosungen teil. An einem „Verlosungstag" trafen sich die Frauen des Dorfes am Backhaus in der Dorfmitte. Hier war die Kommunikationsplattform. Denn es gab immer Neuigkeiten, die des gegenseitigen Austauschs bedurften.

Zum ausgelosten Backzeitpunkt war Mutter vor Ort. Dazu nahm sie in der Regel die „Stoßkarre" mit. Denn neben den Backutensilien benötigte sie das Brennmaterial, um den Ofen auf Temperatur zu halten. Als Brennmaterial diente zusammengebundenes

Reisig, dass die Eltern im Winter aufgemacht hatten. Den Teig hatte sie bereits zu Hause vorbereitet. Alles in allem ging der Tag komplett fürs Backen drauf. Danach waren wir wieder für einige Zeit versorgt.

Brot und Kartoffeln gehörten zu unseren Hauptnahrungsmitteln. Brot servierte Mutter morgens und abends. Als Aufstrich diente Butter von der eigenen Kuh, Schmalz vom Schwein sowie meist Pflaumenmus, Zwetschgenkraut und Rübensirup, von uns liebevoll „Dinnhink" (dünner Honig) genannt. Abends erweiterte sie die Speisekarte um ein Stück Wurst aus eigener Schlachtung. Manchmal aßen wir auch Apfelringe aufs Brot. Als Getränk diente Milch (aber nicht für mich) oder Wasser aus der Wasserleitung. Das Wasser aus dem Zapfhahn kostete bis 1967 nichts. Erst danach führte die Gemeinde eine Wasser- und Abwassergebühr ein.

Anfang der 1960er Jahre kauften meine Eltern einen Gasherd mit vier Kochstellen. Jetzt hatte Mutter freies Feld. All die Mühen mit der Langsamkeit der Holzfeuerung hatte nun ein Ende. Ab jetzt herrschte in der Küche der „Turbo". Denn der neue Gasherd war sofort auf „Temperatur" und sie konnte ihn über die Gaszufuhr sehr gut steuern. Für die Küche eine wahre Revolution und welch ein Luxus! Gerade im Sommer machte sich das besonders bemerkbar. Musste Mutter bis dahin auch bei hohen Außentemperaturen den Kochherd zum Kochen anfeuern, was zu einem zusätzlichen Temperaturanstieg in der Küche und zu noch mehr Fliegen führte, ging es jetzt deutlich schneller und moderater. Mal eben Wasser zum Aufwaschen oder für einen Kaffee erhitzen – es war einfach genial. Und sogar Kuchen konnte sie nun selber backen. Das Gas kam aus einer Gasflasche. Die stand zunächst neben dem Gasherd. Später baute Vater einen Schrank, um sie darin zu verstauen. Die Gasflaschen kauften wir bei einem Installateur im Ort. Alle nannten ihn den „Bauern Schworz" (den Schwarzen aus dem Bauernhaus). Damit meinten die Leute seine schwarze Haarfarbe.

Im Zusammenhang mit dem stetig steigenden Wohlstand stand so die nächste Einrichtung im Dorf vor der Schließung: Das Backhaus. Denn durch die neue Technik – manche hatten auch Elektroherde – kam das Backen im Backhaus schnell aus der Mode. Es war einfach zu umständlich. Und Brot konnte man wegen der gestiegenen Einkommen mittlerweile als Ergänzung zum selbst hergestellten Brot auch im Geschäft zu angemessenen Preisen kaufen. So ging das Backhaus seinem unvermeidlichen Schicksal entgegen und wurde Mitte der 1960er Jahre stillgelegt.

Bevorratung zunächst wie immer

Die Bevorratung der Lebensmittel gehörte mit zu den wichtigsten Aufgaben von Mutter. Es war eine lebensnotwendige Aufgabe, um die ganzjährige Versorgung der Familie möglichst ohne oder mit nur geringem externen Zukauf sicherzustellen. Denn die im Sommer und Herbst geernteten Lebensmittel mussten der Familie über den Winter zur Verfügung stehen und dafür in einen langfristig haltbaren Zustand versetzt werden. Diese Herangehensweise hatte sich in den vergangenen Jahrhunderten bewährt und war tief in den Köpfen der Menschen verwurzelt.

Mutter betrieb dazu einen recht großen eigenen Garten vor dem Haus, in dem sie all das anbaute, was in unserem Klima wuchs. Gemüse, Erbsen, Möhren sowie Kohl in allen Varianten. Ebenso hatte Vater im Garten einige Obstbäume gepflanzt. Kirschen, Äpfel, Birnen, Zwetschgen und Pflaumen konnten wir später dort ernten. Auch unseren Wiesen standen Obstbäume. Die behinderten jedoch vielfach die Heuernte.

All diese Nahrungsmittel verarbeitete Mutter weiter, so dass sie im Laufe des Winters zum Verzehr bereitstanden. Dazu mussten sie allerdings „konserviert" sein, damit sie sich möglichst lange hielten sowie entsprechend gelagert werden.

Gängige Methoden zur Konservierung waren das Trocknen, Räuchern oder Einkochen von Fleisch und Wurst. Die Einlagerung von Kartoffeln erfolgte in der Regel im dunklen, kühlen Keller. Obst und Gemüse wurden eingekocht und kühl eingelagert. Kraut versetzte man in Fässern mit viel Salz. Hinzu kam das Einkochen von Früchten oder deren Verarbeitung zu

Marmelade bzw. Gelee. Für die Lagerung besaß nahezu jedes Haus im Keller einen kühlen, dunklen Raum, in dem die Lebensmittel bevorratet wurden. Auch wir hatten im Keller einen kleinen Vorratsraum. Zusätzlich besaßen wir eine Räucherkammer. Hier hingen die selbst hergestellten Wurstwaren ab.

Insgesamt war diese Art der Versorgung sehr nachhaltig. Denn alles verwertete man. So lieferten die Kühe Milch, Butter und Rahm als Nahrungsmittel sowie Mist und Jauche für die Düngung der Wiesen und Felder. Von den Schweinen stellte man Fleisch und Wurst her und der Mist wurde ebenfalls zur Düngung eingesetzt. Die Hühner lieferten Eier und Fleisch. Auch deren Mist wurde weiterverwendet, vorrangig im Gemüsegarten.

Kühlschränke und Kühltruhen kannten wir noch nicht. Diese kamen erst in den 1960er Jahren auf und gehörten ab den 1970er Jahren zur Standardausstattung in den Häusern. Das führte zur Abkehr von diesen sehr nachhaltigen Methoden zur Bevorratung und gleichzeitig zu einem deutlichen Anstieg des Bedarfs an elektrischer Energie.

Zur Ergänzung der Grundnahrungsmittel boten in den 1960er und 1970er Jahren bis zu fünf Geschäfte ihre Waren im Ort an. Das Sortiment war eher klein gehalten und auf die „Ergänzungsbedürfnisse" der Menschen ausgerichtet. Oft schickte Mutter mich in eines der Geschäfte, um für Vaters Brote Wurstaufschnitt zu holen. So hatte er etwas mehr Abwechslung auf seinen Broten. Im Wechsel bevorzugte er Bier-, Jagd- und danach Schinkenwurst. Im Geschäft konnte ich auch Brause in allen Farben und Geschmacksrichtungen kaufen. Eine süße Leckerei, die ich zu seltenen Anlässen zugestanden bekam. Ein Päckchen für fünf Pfennig. Taschengeld kannten wir nicht. So gab es nur etwas, wenn Mutter ihr Portmonee aufmachte.

Als etwas Besonderes habe ich die sogenannten „Hasenbrote" in Erinnerung. Brote, die Vater von der Arbeit wieder mit nach Hause brachte, weil es ihm zu viel geworden wäre. Diese Brote waren unter uns Kindern sehr begehrt, warum auch immer?

Beim Heizen nichts Neues

Unser Haus besaß stabile, mit Hohlblocksteinen gemauerte Wände, 24 Zentimeter dick. Wärmedämmung kannte man nicht, die Türen und Fenster waren nur einfach verglast und meist undicht. Dass war der Baustandard nach dem Krieg! Im Gegensatz zu heute konnten bei weitem nicht alle Räume beheizt werden. Auch, weil oft der Anschluss an einen Schornstein fehlte oder sehr aufwändig gewesen wäre. Daher fanden wir im Winter die Fenster morgens bei Temperaturen unter null Grad oft zugefroren vor. Ein Zeichen dafür, wie kalt es in den Räumen und wie schlecht die Isolierung der Fenster war. Wir konnten folgende Räume beheizen: Die Küche durch den Kochherd. In der „guten Stube" stand ein kleiner Ofen. Wenn dieser Raum genutzt wurde, konnte dort mit diesem Ofen geheizt werden. Das Schlafzimmer besaß ebenfalls einen kleinen Einzelofen, der aber nur bei extremer Kälte kurz angefeuert wurde. Und beheizbar war auch das Bad durch den Badeofen. Die beiden Kinderzimmer blieben unbeheizt. Für das Bett gab es in kalten Nächten einen „heißen Stein". Dieser lag einige Stunden im Herd und erfüllte die Aufgabe einer Wärmflasche.

Die Öfen erreichten keinen wirklich behaglichen Zustand im Raum. Kalte Füße gehörten ebenso dazu wie starke Temperaturschwankungen. Nahe am Ofen hatte man es gemütlich, aber mit zunehmender Entfernung zum Ofen begann das Frieren. Vom Komfort, wie wir ihn heute kennen, keine Spur. Mutters Aufgabe bestand darin, die Räume gemäß ihrer Nutzung so gut es ging, auf Temperatur zu bringen und zu halten.

Weil alles mit Holz beheizt wurde, musste die Familie für den Holzvorrat des gesamten Winters sorgen. Wollten wir morgens eine warme Küche haben, musste jemand früh aufstehen und erst einmal Feuer machen. Mit Tricks konnte man die Glut vom Abend in den Morgen retten, aber die Temperatur war dennoch weit abgesunken. Mit Glück hatten wir nach dem Anheizen sogar etwas warmes Wasser für ein Getränk.

Apropos Holz aufmachen: Das ging natürlich nicht so einfach wie heute. Meistens kam das Holz aus dem Staatswald. Diese Arbeit erledigten bei Leibe nicht ausschließlich die Männer. Sobald die Bäume „umlagen", gehörte es zur Aufgabe der Frauen, die Stämme zu Entasten und bei allen weiteren Arbeiten mit Hand anzulegen. Denn der Weg aus dem Wald in den Holzschuppen war wahrlich weit: Fällen, entasten, auf ein Meter Länge sägen, spalten, zum Weg transportieren, aufschichten, nach Hause fahren, auf Ofenlänge sägen, klein hacken und im Holzschuppen verstauen. Wobei die meisten Tätigkeiten in Handarbeit verrichtet werden mussten. Maschinen gab es Ende der 1950er Jahre nur in wenigen Haushalten. Nicht umsonst pflegte Opa Emil zu sagen: „Bis das Holz das Zimmer beheizt, hat es Dich bereits mehrmals beim Arbeiten erwärmt".

Holzmachen war Familienangelegenheit.

Das Aufmachen des Holzes passierte stets im Winter. Werktags ging es zu Fuß in den Wald. Das konnten schon mal zwei bis drei Kilometer Wegstrecke sein. Daher blieb man den gesamten Tag dort. Es waren lange Tage, auch öfters Tage bei bitterer Kälte. Nachmittags kamen Opa Emil oder Vater mit ihrem Käfer nach. Das sparte dann schon mal den Nachhauseweg.

Motorsägen kannte man zwar, wir hatten aber keine. Zum Spalten setzten die Männer ihre Muskelkraft ein und der Abtransport erfolgte zunächst noch mit dem Kuhgespann. Später erwies sich der Traktor auch hier als wahrer Glücksgriff. Und wer Glück hatte, konnte das Holz zu Hause mit einer Kreissäge sägen. Wir hatten eine.

Ende der 1960er Jahren ersetzte Vater den Ofen im Wohnzimmer durch einen Ölofen. Die lagen damals im Trend. In diese Öfen musste mit einer Kanne Öl eingefüllt werden. Das benötigte Öl lagerten wir in einem kleinen Tank im Keller. Das Heizen ging dadurch zwar etwas schneller, mehr Komfort erreichten wir dadurch aber nicht. Leider roch es oft im Raum nach Öl. Kein wirklicher Fortschritt.

Ein völlig neuer Komfort im Bad

Das neue Bad brachte ebenfalls mehr Komfort in unseren Alltag. Zumindest konnten wir uns waschen, ohne dass jemand dabei zuschaute. Allerdings nur mit kaltem Wasser. Denn den Badeofen feuerte Mutter nur am „Badetag" am Samstag-Nachmittag an. Das Anheizen des Badeofens nahm normalerweise etwa zwei Stunden in Anspruch. Danach hatte das Bad im Winter eine Raumtemperatur von vielleicht 18°C und die im Ofen befindlichen 80 Liter waren soweit erwärmt, dass Mutter das Badewasser einlassen konnte. In der Regel gehörte dieser Moment uns Kindern. Wenn schon Wasser in die Wanne eingelassen wurde, dann für Kinder und immer für Zwei. Immerhin saßen wir dann bis zur Hüfte im Wasser.

Das Bad mit dem Badeofen für Holz- oder Kohlefeuerung.

Diese erste Phase mit planschen und spielen gehörte dann auch wirklich uns Kindern. Danach ging es schnell. Wir wurden gewaschen und dann ging es auch schon wieder raus. Das Wasser ließ Mutter schon mal in der Wanne. Denn es war ja noch etwas warm. Der Badeofen verfügte inzwischen über weiteren „Nachschub" an Wasser. Das konnte Mutter jetzt in die Wanne zu unserem Wasser einlassen und dann selbst ein Bad nehmen.

Vater badete abends, wenn er Feierabend hatte. Wie genossen wir diesen neu erworbenen Luxus. Bis wir in unserem neuen Haus wohnten, badete Mutter mich in einer Zinkwanne in der Waschküche. Bei schönem Wetter auch draußen hinterm Haus oder ich wurde einfach in der Küche gewaschen. In die Zinkwanne goss sie erwärmtes Wasser. Doch das Blech fühlte sich immer rau und kalt an. Das planschen im Wasser entschädigte allerdings für diese kleinen Unannehmlichkeiten. Auch die Eltern wuschen sich einfach am Waschbecken – natürlich mit kaltem Wasser aus der Wasserleitung. Da war man nicht zimperlich.

Während in die Küche der neue Gasherd einzog, blieb das Bad über lange Jahre in seinem Urzustand. Waschen gehörte eben nicht zu den wichtigsten Tätigkeiten des Lebens. Sauber sein wollten wir schon, doch dazu bedurfte es keines besonderen Komforts.

Toilette – die totale Revolution

Dieses Thema zeigt im Besonderen auf, welche Fortschritte im Laufe der vergangenen 70 Jahre erreicht wurden. Denn nach dem Krieg finden wir in den Häusern eher selten eine Toilette. Das „Geschäft" musste auf dem „Aborthäuschen" erledigt werden. Dieses Häuschen stand draußen auf dem Hof über der Jauchegrube meist neben dem Misthaufen. Im Häuschen selbst gab es eine kleine Bank über die Breite des Häuschens. In der Mitte befand sich ein Loch, analog einem heutigen WC.

Das „Geschäft" plumpste dann direkt in die Jauchegrube. Da diese Verbindung nicht geschlossen werden konnte, war die Geruchsentwicklung extrem stark. Es stank quasi immer. Und dieser Gestank intensivierte sich im Sommer noch weiter. Zusätzlich sorgten die vielen Fliegen für Belästigungen. Beheizte Aborthäuschen gab es natürlich nicht. Im Winter herrschten dort teilweise eisige Temperaturen. Die Temperaturen drinnen und draußen waren identisch. Lediglich hatte man ein Dach über dem Kopf und war gegen fremde Blicke geschützt. Da nachts niemand über den Hof zum Häuschen ging, kam nachts ein Nachttopf zum Einsatz. So stand unter jedem Bett ein solcher Topf. Dieser wurde dann morgens auf den Misthaufen entleert. Auch Toilettenpapier hatten wir nicht im Gebrauch. Das gab es zwar, es war aber zu teuer. Wir verwendeten einfach Zeitungspapier, dass Mutter in entsprechend große Stücke zuschnitt. Diese waren im Häuschen auf einem Nagel aufgespießt und dienten als Toilettenpapier-Ersatz. So wurde bereits damals Papier sehr nachhaltig verwendet.

Bei älteren Häusern, in denen der nachträgliche Einbau einer Toilette schwierig war oder einen weiteren Raum gekostet hätte, baute man in den 1960er Jahren vor das Haus einen kleinen Vorbau. Über diesen Vorbau erfolgte der Eingang ins Haus, gleichzeitig wurde dort eine moderne Toilette untergebracht. Oft waren auch diese Toiletten nicht beheizt und die eine oder andere Wasserleitung ist bei strengem Frost zugefroren. Mit Einzug der Bäder in die Häuser verschwanden die Aborthäuschen auf dem Hof.

Vater vor seinem Elternhaus. Hinten rechts das Aborthäuschen.

Einer dieser Anbauten steht heute noch am Haus meines Opas Ewald. Er begleitete ja von 1948 bis 1967 das Amt des Bürgermeisters. Einige Male im Jahr besuchte ihn Landrat Dr. Rehrmann. Zu besonderen Anlässen begleitete ihn seine sehr attraktive Frau. Oma und Opa war es immer äußerst peinlich, wenn

einer von den Beiden die Toilette in Form des Abor-
thäuschens aufsuchen musste. Daher hatten sie bereits Anfang der 1960er Jahre die Weichen für einen

Vaters Elternhaus mit der angebauten Toilette.

kleinen Anbau gestellt. Danach besaßen sie eine moderne Toilette direkt neben dem Eingang. Oma Lina
war danach sehr erleichtert.

Apropos Besuche des Landrats: Der besuchte Opa oft
zu Hause und eher selten im Bürgermeisteramt. An
diesen Tagen war das Haus tiptop sauber. Oma und
Tante Gertrud trugen weiße Schürzen, der Kaffee war
gekocht und der Kuchen stand bereit. Opa ließ es sich
nicht nehmen, auch im Beisein des Landrats ein kurzes Gebet zu sprechen, bevor das Kaffeetrinken begann. Danach zogen sich die Beiden in die Wohn-
stube zurück, um politische Themen zu besprechen.

Welch einen Luxus konnten wir dagegen in unserem neuen Haus genießen. Die Toilette war Bestand-
teil des Hauses und besaß eine Wasserspülung. Über

der Toilette befand sich ein großer Wasserbehälter. Die Spülung konnte dann über eine Kette betätigt werden, dann sauste das Wasser durch ein Rohr in die Kloschüssel. Damit im Winter nichts einfror, hatte Vater das Klo mit einem Elektroheizgerät ausgestattet. Das lief aber nur, wenn draußen frostige Temperaturen herrschten.

Waschen – zunächst noch alles per Hand

Eine besondere Herausforderung stellte für Mutter das Wäschewaschen dar. Denn Waschmaschinen gab es Ende der 1950er Jahre ebenfalls noch nicht. Wäsche waschen war immer Arbeit für mindestens zwei Tage. Zuerst weichte sie die Wäsche ein, danach wurde sie in einem großen Holzbottich oder Waschkessel erhitzt. Sie blieb dann zum Einweichen über Nacht im Bottich. Das Waschmittel bestand aus pulverförmiger Seife, kombiniert mit einem Bleichmittel.

Am nächsten Tag stand das „Schrubben" auf Waschbrettern oder anderen Hilfsmitteln auf dem Plan. Ein echter Murks für sie. Im nächsten Arbeitsschritt musste sie die Wäsche auswringen, natürlich von Hand. Anschließend ging's auf die Wiese zum Bleichen. Dort legte sie die Wäsche aus. Am günstigsten passierte das in der Nähe des Baches, damit die Wäsche immer mal wieder begossen werden konnte. Das Wasser dazu entnahm sie der Bach. Zum Schluss musste sie die Teile im Bach noch auswaschen. Der war damals noch sauber. Das ist er übrigens heute auch wieder.

Zum Schluss musste die Wäsche noch getrocknet werden. Das geschah im Sommer draußen an der Wäscheleine und bei schlechtem Wetter und im Winter auf dem Dachboden. Nicht selten war dort die Wäsche bei Frost hart gefroren. Wegen diesem großen Aufwand wusch sie nur ein bis zweimal im Monat.

Anfang der 1960er Jahre dann eine erste Revolution in unserer Waschküche. Die Eltern kauften eine Bottich-Waschmaschine. Das war ein Holzfass ähnlicher Behälter, der auf einem Gestell stand. Das Schrubben übernahm jetzt ein sich hin und her bewegendes Drehkreuz. Nach dem Spülen der Wäsche musste diese dann noch ausgewrungen werden – natürlich wieder von Hand. Aber immerhin entfiel damit ein wesentlicher Arbeitsschritt, das Schrubben auf dem Waschbrett.

1951 kam die erste vollautomatische Waschmaschine in Deutschland auf den Markt. Es war eine Constructa. Sie verbrauchte 225 Liter Wasser und kostete damals sagenhafte 2.280 DM [2].

Irgendwann Mitte der 1960er Jahre investierten die Eltern dann in eine Wäscheschleuder. Damit konnte auch das auswringen der Wäsche entfallen. Eine weitere wertvolle Erleichterung für Mutter. Wann die erste vollautomatische Waschmaschine bei uns einzog, weiß ich nicht mehr.

Heute kann man nahezu jedes beliebige Wäschestück in der Waschmaschine reinigen und spart sich so alle zwei Wochen mindestens einen aufwendigen und körperlich anstrengenden Arbeitstag, wie er noch bis weit ins 20. Jahrhundert Gang und Gäbe war. Somit ist die Waschmaschine mit dass hilfreichste Gerät im Haushalt, das sich jeder leisten kann.

DIE 1960ER JAHRE

Die neue Scheune

Nahezu alle Familien des Dorfes betrieben bis in die 1960er Jahre Landwirtschaft im Nebenerwerb. Die Grundnahrungsmittel, wie Kartoffeln und Getreide (Korn, Gerste, Hafer), bauten die Familien auf den eigenen Äckern selbst an. Diese bearbeiteten sie in der sogenannten Dreifelderwirtschaft (Anbau von Getreide, Kartoffeln und Hafer im Wechsel). Hinzu kam die Heuwirtschaft (Heu und Grummet) als Futter für die Tiere. Für die Lagerung von Heu, Stroh usw. benötigte man Lagerplatz. Dazu einen Stall für die Tiere.

Für die Familien bedeutete die Landwirtschaft eine gewisse Unabhängigkeit und Sicherheit in schwierigen Zeiten. Das hatten sie während der beiden Weltkriege und in der Zeit der Inflation mehrfach erfahren. Diese Gedanken standen sicher bei der Investitionsentscheidung meiner Eltern für eine neue Scheune ganz oben auf der Argumentationsliste.

Allerdings ging mit der Landwirtschaft auch eine sehr schwere und hohe zeitliche Arbeitsbelastung einher, die neben dem Beruf gestemmt sein wollte.

Alleine die Versorgung der Tiere erforderte einen erheblichen Arbeitsaufwand: Tägliches ausmisten, das tägliche Füttern von Kühen, Schweinen und Hühnern. Dazu mussten die Kühe gemolken und die Eier eingesammelt werden.

Nachdem unsere Familie in 1958 auf vier Personen angewachsen war, rückte die Versorgungsfrage wieder neu in den Vordergrund. Unsere Viecher, eine Kuh, ein Schwein und einige Hühner, „wohnten" bei Opa Emil in der Scheune bzw. im Hühnerstall. Doch dort herrschte mittlerweile eine beklemmende Enge. Denn auch Mutters Schwester mit ihrem Mann hingen quasi mit an diesem Stall. Und so groß war er auch wieder nicht.

Daher rückte der Gedanke, ob sie eine eigene Scheune bauen und mit eigener Landwirtschaft beginnen sollten, immer weiter in den Fokus der Eltern. Dabei stand neben der sicheren Ernährung eine weitere Frage im Mittelpunkt: Würde die Versorgung der Familie durch den landwirtschaftlichen Nebenerwerb überhaupt das Modell der Zukunft sein? Oder verschob sich durch den stetig steigenden Wohlstand die Grenze immer weiter hin zur externen Versorgung durch Geschäfte und damit weg von der eigenen Landwirtschaft? Denn einige wenige Familien im Dorf dachten damals bereits laut über das „Abschaffen" der Landwirtschaft nach. Was sollte man sich quälen, wenn das Einkommen weiter stieg und damit für die Versorgung der Familie ausreichte? Machen wir uns doch ein schönes Leben, hieß ihre Devise.

Nach vielen Diskussionen innerhalb der Großfamilie trafen sie Anfang 1959 eine weitere weitreichende Entscheidung: Wir bauen eine eigene Scheune im geringen Abstand zum Haus, so dass die Zufahrt gut möglich ist. Das bedeutete eine erneute große Investition für die noch junge Familie. Diese Entscheidung hatte zur Folge, dass der Verbleib in der Landwirtschaft im Nebenerwerb auf längere Sicht das Ziel bleiben musste. Damit erkauften sie sich die Sicherheit in Bezug auf die Versorgung mit Nahrungsmitteln.

Die Baupläne fertigte der Architekt an, der bereits die Zeichnung für das Wohnhaus erstellt und den Bauantrag eingereicht hatte. Sie sah aus, wie alle Scheunen im Ort. Acht mal acht Meter, im Erdgeschoss der Stall, genügend Platz zum Lagern von Heu, der Möglichkeit zum Einfahren eines Wagens sowie auf dem Stall die Lagerstätte für das Stroh. Den Eingang zierte ein großes Scheunentor. Doch etwas Besonderes hatte die Scheune doch. Da sie am Hang stand, mussten sie die Hälfte des Gebäudes unterkellern. Eine Scheune mit Keller - eine echte Ausnahme! Dort wollte Vater sich eine kleine Werkstatt einrichten und auch der Hühnerstall fand dort seinen Platz. So konnten sie im Herbst 1959 mit dem Ausschachten der Baugrube beginnen. Alles wie beim Bau des Hauses per Hand und im Kollektiv. Ein Jahr später war es geschafft. Die Scheune war fertig und konnte ihrer Nutzung zugeführt werden.

Die Tiere zogen um und von nun an hatten sie die Versorgung der Familie in der eigenen Verantwortung. Ich war damals sechs Jahre alt.

Unsere Landwirtschaft im Nebenerwerb

Was wir jetzt brauchten, war zunächst eine zweite Kuh. Denn zum Ziehen eines Wagens waren zwei Kühe von Nöten. Dazu einen Wagen mit großen und mit eisernen Ringen überzogenen Rädern, hergestellt beim Wagner. Es sollte ein Wagen sein, der flexibel auf die verschiedenen Anforderungen umgebaut werden konnte und je nach benötigtem Transportgut hoch oder flach daherkam.

Und wir benötigten ein eigenes Schwein, woraus wir Wurst, Fett und Fleisch herstellen konnten. Das kaufte Vater beim „Schweinehändler" aus dem Nachbardorf. Der kam an bestimmten Tagen mit seinem Kleinlaster ins Dorf und alle, die ein Schwein kaufen wollten, trafen sich zur Begutachtung in der Dorfmitte am Spritzenhaus. Auf dem Laster befanden sich etwa 20 kleine Schweinchen. Diese beurteilte Vater, wählte sich eines aus und es fand sein Zuhause in unserem neuen Stall. Etwa ein Jahr sollte es dort verbringen. Während dieser Zeit hatten wir das Ziel, dieses

Tier so weit zu mästen, dass es im kommenden Winter reif für die Schlachtung war.

Auch unsere zehn Hühner zogen nun in den neuen Hühnerstall um. Dazu bekamen sie einen Auslauf umgeben von einem flexiblen Zaun. Den wechselte Vater, wenn die Hühner das Gras einer Fläche abgefressen hatten. Zu meinen ersten Aufgaben gehörte es, abends die Eier einzusammeln. Die legten die Hühner meist im Hühnerstall. Sie liefen dann über eine kleine Rutsche in einen „Sammler". Es galt nun, die Eier vorsichtig einzusammeln. Denn ein kaputtes Ei war wertlos. Dennoch gehörte auch immer der Blick in den Hühnerstall dazu. Lag vielleicht nicht doch noch ein Ei in einer Ecke?

Hühnerställe sind wahrlich keine attraktiven Orte. Niedrig, Spinnfäden in allen Ecken und ein schrecklich beißender Gestank. Gerne bin ich da nie hineingegangen. Immer hat es mich danach am ganzen Körper gejuckt. Schließlich war das Gerücht über Hühnerläuse stetig präsent.

In bestimmten Abständen war es an der Zeit, das Hühnerhäuschen auszumisten. Dafür war ich damals noch zu jung. Später gehörte aber auch das teilweise zu meiner Aufgabe. Für mich die Höchststrafe. Jetzt ging es bis in die hinterste Ecke des Häuschens. Dabei setzte ich mir immer eine Mütze auf. Dennoch: Danach war erst einmal Waschen angesagt. Sonst konnte ich das nicht aushalten. Das Jucken war unerträglich.

Den Mist verwendete Mutter als Dünger für unseren Gemüsegarten.

Da unser Haus am Ortsrand stand, war es bis zum Wald nicht sehr weit. Dort lebten über Jahre auch Füchse. Und für Füchse stellen Hühner und auch die Eier bekanntlich eine besondere Delikatesse dar. Eines Morgens lagen mehrere Hühner totgebissen im Gehege, zwei fehlten komplett. Da hatte der Fuchs zugeschlagen und sich mehrere leckere Mahlzeiten gesichert. Wie er da reingekommen ist, wissen wir bis heute nicht. Vater verstärkte danach sofort den Zaun und machte ihn auch unten „dicht". Die Verluste ersetzte er zeitnah. Danach war kein weiterer Verlust durch Füchse zu beklagen.

Doch es drohte eine weitere Gefahr – aus der Luft. So dauerte es nicht lange, bis auch der Habicht sich eines der Hühner geholt hatte. Allerdings am helllichten Tag. Mutter hörte ein fürchterliches Gegackere. Im Auslauf herrschte Chaos. Die Hühner liefen wild durcheinander. Schnell merkte sie, was los war. Doch sie kam zu spät. Ein Huhn fehlte. So machte sich Vater daran, den Auslauf auch nach oben zu sichern und spannte einen „Zaun" darüber. Das schränkte die Flexibilität so weit ein, dass ein Versetzen nicht mehr möglich war. Damit drehte sich der Spieß um. Wir mussten jetzt das Gras für die Hühner herbeischaffen und im Auslauf ausstreuen. Wieder eine neue Aufgabe.

Wenn die Hühner ein bestimmtes Alter erreicht hatten, ließ die Legeleistung nach. Damit war klar: Sie würden über kurz oder lang im Suppentopf landen. Hühner schlachten war Aufgabe von Oma Hedwig. Dazu musste dem Huhn erst einmal das Leben ausgehaucht werden. Das passierte kurz und schmerzlos. Opa Emil packte es, nahm das Beil und hieb dem Huhn, dass sich natürlich kräftig wehrte, auf dem Hackklotz den Kopf ab. Dabei konnte es passieren, dass sich das Huhn plötzlich noch einmal aufraffte und einige Meter davonlief, bevor es endgültig zusammensackte und der Tod von ihm Besitz nahm. Jetzt schlug die Stunde von Oma Hedwig. Sie rupfte die Federn so gut es ging heraus, nahm es aus und dann landete es auch schon im Topf. Es endete als Suppenhuhn.

Ein Huhn zu essen, war mir nichts. Es hat mir nie geschmeckt. Meist befanden sich noch Reststacheln von den Federn in der Haut und der Geschmack war auch nicht meiner. Selbst die Hühnersuppe erzeugte eine gewisse Abneigung in mir. Daher waren die Tage, an denen es „frisches" Hühnerfleisch zu essen gab, schwere Tage für mich. Aber da musste ich durch. Das hat sich bis heute nicht geändert. Denn eine Alternativmahlzeit gehörte damals nicht zum Geschäftsmodell beim Essen.

Zurück zum Schwein. Das sollte natürlich auch genug zu fressen bekommen. Denn nur ein fettes

Schwein ist ein gutes Schwein – zumindest damals. Und was fraßen die Schweine? „Säudoffeln", so hieß das bei uns, also Schweinskartoffeln. Das waren die Kartoffeln, die Mutter zu den normalen Mahlzeiten nicht verwenden konnte. Also dünne, leicht angefaulte oder auch bereits runzelige Kartoffeln. Die kochte sie in einem großen Topf in der Waschküche. Anschließend versetzte sie diese mit verdünnter Milch und Wasser. Gestampft ergab das einen für das Schwein leckeren Brei. Das hörte man schon am Schmatzen. Darüber hinaus fraß das Schwein auch gerne die Essenreste aus der Küche. Die verteilte Mutter auch an die Hühner. Schweinskartoffeln zu stampfen und den Schweinen in den Trog zu schütten, auch das gehörte zeitweise zu meinen Aufgaben. Dabei wurde das Tier fast wahnsinnig, weil die Wartezeit bis zum Beginn des Fressens einfach zu lange war.

Ein gesundes Schwein braucht einen sauberen Stall. Das erreichte man mit frischem Stroh. Vorher sollte der Stall ausgemistet und ausgefegt sein. Das Schwein blieb dabei vor Ort und lief einem ständig zwischen die Füße. Danach fühlte sich das Schweinchen wohl und wir konnten zusehen, wie es stetig an Gewicht zunahm, bis im Winter seine Zeit abgelaufen war. Dann musste es sein Leben für die Versorgung der Familie lassen.

Und das lief so ab: Früh ging es los. Denn der Tag hielt eine Menge Arbeit bereit. Mutter hatte bereits

vor zwei Stunden das Feuer in der Waschküche ange-
zündet, um eine größere Menge Wasser im Waschkessel zu erhitzen. Das brauchten sie gleich zu Beginn. Parallel dazu bereitete Vater soweit alles andere
vor. Der Trog und die Leiter zum Aufhängen des
Schweines standen bereit.

Auch der „Fleischbeschauer" war bestellt. Mittels
Schlachttier- und Fleischuntersuchung sollte so si-
chergestellt sein, dass das Fleisch als Lebensmittel nur
dann in den Verkehr gelangte, wenn es als tauglich
zum Genuss für Menschen beurteilt worden war.
Dazu schaute er sich die Nieren, Lymphknoten, Milz-
, Leber- und Muskelgewebe an. Falls er etwas fand,
hatte sich die Investition und die Arbeit eines ganzen
Jahres in Luft aufgelöst. Das ist zum Glück bei uns nie
passiert. »Hoffentlich kommt er nicht so spät«, dachte
Vater. Dadurch konnte sich der gesamte Zeitplan erheblich nach hinten verschieben.

Vor Ort waren außer meinen Eltern noch der
Schlachter und meist auch Oma Hedwig und Opa E-
mil. Mein Bruder und ich mussten so lange im Bett
bleiben, bis es „geknallt" hatte. Durch einen gezielten
Schuss an die Schläfe betäubte der Schlachter das
Schwein. Dann musste es schnell gehen. Es wurde
„angestochen", so dass das Blut aus ihm herauslief.
Das fing man in einer großen Schüssel auf, denn man
benötigte es zur Herstellung der Blutwurst. Danach
war das Schwein tot.

Als nächstes folgten zwei Arbeitsschritte, die die ganze Manneskraft erforderten. Das etwa 100 bis 120 Kilogramm schwere Tier musste in den Trog geschafft und mit heißem Wasser übergossen werden. Mutter und Oma machten sich anschließend daran, mit speziellen Schellen dem Schwein die Borsten „abzurasieren". Immer wieder schütteten sie heißes Wasser nach, um die Borsten aufzuweichen. War das Schwein rasiert, musste es auf die Leiter. Auch das war Schwerstarbeit. Danach stellten sie die Leiter aufrecht an die Scheunenwand, wo nun der Schlachter das Schwein in der Mitte aufschnitt und in zwei Hälften auseinanderklappte. Nun war es bereit für die Fleischbeschau.

Das aufgeklappte Schwein wartet auf den Fleischbeschauer.

Oma begann unterdessen, das Feuer im Waschkessel auf Volldampf zu bringen, damit auch dieses Wasser erhitzt war, wenn das Kochen der Wurst anstand.

Lag die Zustimmung des Fleischbeschauers vor, konnte die Verarbeitung fortgesetzt werden. Am Ende hatte die Familie das komplette Schwein verwertet. Sogar das Schwänzchen und die Füße landeten im Kochtopf. Jetzt noch Leber-, Blut und Dauerwurst abschmecken, eventuell nachwürzen und dann im Waschkessel kochen. Das ergab am Ende die sog. „Wurstsuppe". Eine fettige Brühe, die mehr nach Wasser, als nach Wurst schmeckte.

In der Waschküche herrschte über den gesamten Tag Treibhausatmosphäre - hohe Temperaturen und hohe Luftfeuchtigkeit gepaart mit dem Geruch von Innereien und Gedärm. Für mich hatte das schon etwas Ekliges. Doch die Eltern empfanden das normal. Denn es gab ja schließlich reichlich Ausbeute.

Gegen Abend schlug die große Stunde der Nachbarn. Es galt, sich einen kleinen Abendschmaus zu sichern. Das hatten die Eltern natürlich vorbereitet und einige kleinere Leber- und Blutwürstchen kreiert. Wegen der „feuchten Atmosphäre" stand den gesamten Tag das Kellerfenster offen. Hier fanden die Nachbarn Zugang zum Geschehen. Sie befestigten einen kleinen Eimer an einer Stange und schoben das Ganze, oft noch mit einem lustigen Spruch versehen, durchs Kellerfenster, wie zum Beispiel:

Im Gegenzug füllte Mutter den Eimer mit Wurstsuppe, zwei kleinen Würsten und einem Stück Fleisch. So hatten die Nachbarn ebenfalls Anteil am „Schlachtfest" und dazu ein „leckeres" Abendessen. Gleichzeitig trug das zu einer guten Nachbarschaft bei.

Ein Schlachttag erforderte die ganze Kraft und viel Ausdauer von allen Beteiligten. Denn bis am späten Abend wieder alles soweit aufgeräumt und die Fleisch- und Wurstwaren an der richtigen Stelle untergebracht waren, konnte es dauern. Doch nun hatte man erst einmal genug Vorrat für die kommenden Monate. Ab da ging der Kreislauf wieder von vorne los: Schweinchen kaufen, mästen, schlachten….

Die dritte Gattung im Bunde waren die beiden Kühe. Im Gegensatz zu den Schweinen und Hühnern trugen sie Namen, wie Elsa, Minna oder so. Wahrscheinlich, weil sie doch länger zur „Familie" gehören sollten. Ich weiß nicht mehr, ob sie wirklich darauf hörten?

Die Aufgabe der Kühe bestand zunächst in der Milchproduktion. Die Milch diente als Getränk, allerdings nicht für mich. Und natürlich mussten die beiden Kühe den Transport in Verbindung mit dem Wagen übernehmen. Zusätzlich nutzten wir ihre Kräfte auch beim Pflügen, Eggen usw., also auf dem Feld.

Das alles ging extrem langsam. Aus heutiger Sicht geradezu in Zeitlupe. Dennoch leisteten die Kühe einen wichtigen Beitrag, erforderten im Gegenzug jedoch viel Aufmerksamkeit und Arbeit. Im Stall standen nur Kühe, also die weibliche Gattung. Bullen konnten man hier nicht gebrauchen. Zum einen gaben sie keine Milch, zum anderen waren es meist ungestüme Genossen, die gerne mal im Gespann für Unruhe sorgten oder ausbüchsten. Daher verkaufte man die männlichen Rinder in einem frühen Stadium weiter.

Nach etwa 10 Jahren nahte die Zeit, dass die Kuh keinen Nachwuchs mehr bekommen konnte. Vorher galt es daher für entsprechenden Nachwuchs zu sorgen. Die Kuh musste trächtig werden. Die Fortpflanzung des Kuhbestandes war in der Gemeinde genau geregelt. Dazu hielt man den sogenannten „Gemeindebullen". Ein glückliches Tier. Denn es hatte nur die Aufgabe, die Kühe des Dorfes zu begatten und für die Fortpflanzung zu sorgen. Alle Kühe im Ort stammten also von diesem Tier ab. Für die Versorgung gab es einen Verantwortlichen, heute würde man sagen, einen Beauftragten. Dieser versorgte das Tier morgens und abends, mistete den Stall aus und organisierte die Termine zur Begattung. Das Futter für dieses gemeindeeigene Tier (Bocksheu, also Heu für den Bock) besorgte die „Allgemeinheit". Die Termine gab der Gemeindediener bekannt. An diesen Tagen mussten alle Haushalte mit Landwirtschaft Helfer bereitstellen. War das „Bocksheu" in der Scheune, gab es zur Belohnung in „Klofts-Wirtschaft" ein Getränk für die Erwachsenen und für die Kinder ein Eis auf Rechnung der Gemeinde.

Hans Georg vor den Kühen mit einem mit Stroh beladenen Wagen.

Nach gut neun Monaten erblickte das Kälbchen das Licht der Welt. Hoffentlich war es ein weibliches Rind. Denn, wie schon gesagt, ein männliches Rind gab man möglichst schnell wieder ab. War es weiblich, blieb es zunächst bei der Mutter. Leider wurde es im Stall bald immer enger. Nun galt es, dass junge Tier an das Gespann zu gewöhnen. Doch das dauerte und erforderte Geduld. Konnte das Jungtier diese Aufgabe meistern, stand als nächstes die Trennung zwischen Mutter und Rind an.

Bei den Kühen war tägliches melken angesagt. Das besorgten in der Regel die Frauen per Hand. Einige Liter konnten so am Tag zusammenkommen. Die meiste Milch verarbeiteten wir zu Butter mit dem Abfallprodukt Buttermilch. Eher selten verkauften wir ein paar Liter. Auch das Schweinefutter enthielt einen Anteil Milch. Und natürlich tranken die Familienmitglieder auch gerne davon. Ich allerdings nicht. Auf Milch kann ich bis heute sehr gut verzichten. Warum das so ist, erzähle ich noch.

Die Verarbeitung der Milch erfolgte in der Waschküche. Bei uns im Keller gelegen, bei Oma und Opa ein Zimmer in der unteren Etage. Dort roch es immer säuerlich, wahrscheinlich wegen der Milchrückstände. Als wir vor einigen Jahren den Hessenpark in Neu-Anspach besuchten und in einem der Häuser auf eine voll ausgestattete Waschküche trafen, waren mir durch den Geruch viele Erinnerungen aus der damaligen Zeit sofort wieder präsent.

Um Butter zu erzeugen, schüttete man die Milch durch ein Tuch in das Butterfass, einem schmallangen zylindrischen Behälter aus Holz. Das Tuch diente als „Filter“ und musste natürlich sehr sauber sein, sonst drohte die Milch sauer zu werden. Danach wurde die

Milch durch stampfen und zurückziehen zu Butter „geschlagen". Das dauerte eine gewisse Zeit und erforderte viel Beharrlichkeit. Denn je steifer die Butter wurde, umso stärker musste man drücken und ziehen. Doch irgendwann hatte man Butter im Behälter und obendrauf schwamm die Buttermilch.

Die Arbeit auf dem Feld war eingebunden in einen festen Jahreskreislauf. Im März ging es draußen los, wie schon das Lied sagt: „Im Märzen der Bauer die Rösslein einspannt, er setzt seine Felder und Wiesen in Stand". Das bedeutete, dass die Entwässerungsgräben gesäubert und geöffnet wurden, die Äcker mussten geeggt werden, wobei man auch immer die herausgekommenen Steine ablas. Gleichzeitig gehörte es zu den Aufgaben, die Grenzsteine freizulegen, damit auch jeder wusste, wie weit seine Gemarkung reichte. Im April säten sie das Getreide. Je nach Sorte passierte das auch bereits im Herbst.

Im Mai setzten sie die Kartoffeln und ab Mitte Juni begann die Heuernte. Dazwischen musste der eigene Garten bepflanzt und im Auge behalten werden. Und dann fielen die Kartoffelkäfer im Sommer über die Kartoffelpflanzen her. Dann hieß es, hingehen, ablesen und entsorgen. Ich habe heute noch den Eindruck, je öfter wir sie ablasen, desto schneller vermehrten sie sich. Ein Kampf gegen Windmühlen.

Die Heuernte passierte so um den 17. Juni, dem früheren Tag der deutschen Einheit. Da an diesem

Tag die Männer nicht arbeiteten, ging es auf die Wiesen zum Mähen oder auch zum Heuwenden. An diesem Tag sollte eigentlich nicht gearbeitet werden, was aber niemand weiter störte. Allerdings hatten alle ständig die Straße im Auge, ob nicht doch der VW-Polizeikäfer angerauscht kam. Dann hieß es schnell Deckung nehmen, bis er sich außer Sichtweite befand.

Da all diese Arbeiten entweder per Hand oder auch mit Hilfe der Kühe passierten, war es eine sehr zeitaufwendige Angelegenheit. An Feiertagen fuhren alle mit Vaters oder Opa Emils Käfer von einer Wiese zur nächsten. Sonst konnte das nur zu Fuß passieren. Und bis man mit den Kühen vor Ort war, um z.B. Heu in die Scheune zu fahren. Heute nicht mehr vorstellbar.

Das gleiche Szenario zeigte sich z.B. beim Einsetzen der Kartoffeln oder bei der Kartoffelernte. Mit den Kühen hinfahren, den Wagen abspannen, den Pflug anhängen und los ging's. Einer bei den Kühen und ein Zweiter am Pflug. Die anderen setzten die Kartoffeln. Bei der Ernte mussten sie ausgelesen und auf verschiedene Haufen geworfen werden. War das Tagesziel erreicht, erfolgte das Sortieren der Kartoffeln nach Dicken, Dünnen und Faulen. Die bekamen unter Umständen noch die Schweine. Danach in die Säcke füllen und diese auf den Wagen wuchten.

Etwas Romantisches hatte die Kartoffelernte dann doch noch. Aus Kartoffelstroh zündeten wir ein kleines Feuerchen an und konnten so einige Kartoffeln, die auf einem dünnen Stock aufgespießt waren, braten. Sehr lecker.

Zu den sehr arbeitsintensiven und schweren Arbeiten gehörte die Getreideernte. Mit der Sense die starken Halme abmähen, die Halme dann zu Bündeln zusammenstellen, zusammenbinden und oben abdecken. Dann trocknen lassen. Hatten die Halme eine gute trockene Konsistenz, erfolgte der Abtransport zur Dreschmaschine.

Blick auf das Dorf während der Getreideernte.

Dort stand meist schon eine Reihe von Wartenden. Jetzt galt es, die Kühe ruhig zu halten. Das gestaltete sich oft schwierig, denn die Kühe wurden immer nervöser. Manch einer spannte die Kühe dann aus und geleitete sie nach Hause. Den Wagen schoben sie dann gemeinsam per Hand nach vorne, sobald es weiterging.

An diesen Beispielen ist gut zu erkennen, wie langsam, zeitaufwendig und schwer die Arbeit in der Landwirtschaft war. Doch es nahte Abhilfe.

Neue Herausforderung - der Umgang mit Müll

Müll? Das gehörte bei uns zu den Wörtern, die wir erst im Laufe der 1960er Jahre dazulernten. Denn Müll im heutigen Sinn kam schlichtweg nicht vor. Soweit es möglich war, blieb nichts übrig. Verpackungen kannten wir nur in Form von Tüten, Kunststoffverpackungen gab es noch nicht. Und falls wir im Geschäft etwas dazu kauften, fiel höchstens mal Papier in Form von diesen Tüten an und die verbrannte Mutter im Herd. Wenn Essen übrigblieb, kamen das Schwein oder die Hühner zum Einsatz. Etwas Papier fiel bei der Zeitung an, die verschwand nach dem Lesen als Toilettenpapier.

Elektroschrott war uns unbekannt. Wenn in einem Gerät ein Defekt vorlag, erfolgte eine Reparatur. Plastik im heutigen Sinn gab es noch nicht und Getränkeflaschen befanden sich nicht im Umlauf. Und wenn, dann als Glasflaschen, die nach dem Ende ihrer Nutzungsdauer wieder eingeschmolzen wurden. Müll? Was war das überhaupt? Mutter hatte das alles im Griff!

Ab Mitte der 1960er Jahre änderte sich das sukzessive. Mit steigendem Wohlstand nahm der Anteil der zugekauften Produkte stetig zu, gleichzeitig verabschiedeten sich weitere Familien von der Landwirtschaft. Damit entfiel auch die Resteverwertung durch die Tiere und über die Geschäfte stieg gleichzeitig der Anteil der Verpackungen. Wohin also damit? Eine Müllabfuhr richtete die Gemeinde erst in 1968 ein.

Davor ging die Gemeinde einen Schritt, der aus heutiger Sicht so nicht mehr umgesetzt würde bzw. undenkbar wäre. Man wies vor dem Dorf in einer kleinen „Delle" einen Müllplatz aus. Dort konnten die Bewohner ihre nicht mehr benötigten Abfälle oder auch defekte Geräte abladen. Es blieb dort einfach liegen. Als der Müllberg im Laufe der Jahre stetig anwuchs und das Loch sich anhaltend füllte, schüttete man einfach Erde darüber und wies eine neue „Deponie oberhalb des Dorfes aus. Hier ging es dann munter weiter. Am Ende fand man dort alte Fernseher, Motoren, defekte Waschmaschinen, Kleidung, eben alles, was defekt war und man im Haus nicht mehr haben wollte. Für uns Kinder ein echter Abenteuerspielplatz. Denn dort gab es immer was zu entdecken. Leider siedelten sich dort auch Ratten an und es konnte passieren, dass sie einem schon mal zwischen den Füßen herumliefen. Erst mit Einführung der Müllabfuhr änderte sich nach und nach dieses Verhalten. Da die Müllabfuhr jedoch keine größeren Geräte oder Teile mitnahm, landeten diese weiterhin auf der gemeindeeigenen „Deponie".

Wahrlich keine Glanzleistung aus dieser Zeit. Ich denke jedoch, dass die Verantwortlichen die Tragweite ihres Handelns damals noch nicht einschätzen konnten. Es war eben alles Neuland, die Sache mit dem Wohlstand. Wir genossen die Vorzüge, aber mit den Schattenseiten kannten wir uns nicht aus. Das mussten wir alle erst im Laufe unseres Lebens lernen.

Einschulung und die ersten vier Schuljahre

Am 27. April 1960 besuchte ich zum ersten Mal die Schule im Ort. Das passierte in der Woche nach Ostern, wie es zur damaligen Zeit üblich war. Die Umstellung zur Einschulung nach den Sommerferien erfolgte erst in 1967. Die beiden Schuljahre davor hatten die Kultusminister als sogenannte Kurzschuljahre angelegt. Für mich die Schuljahre sieben und acht, wobei gleichzeitig die Schulzeit auf neun Schuljahre angehoben wurde. Eingeschult wurden alle, die vor dem Einschulungstag das sechste Lebensjahr vollendet hatten. Wer danach geboren war, musste ein Jahr warten.

Der damalige Schulalltag bzw. der tägliche Ablauf muten heute unwirklich an. In unserem Ort bestand die „Volksschule" aus einem Klassenraum und zwei Lehrkräften. Eine Lehrerin unterrichtete die Klassen eins bis vier und ein Lehrer die Klassen fünf bis acht. Eine Gruppe ging vormittags zur Schule, die andere nachmittags. Ob das im Wechsel erfolgte, weiß ich heute nicht mehr. Wahrscheinlich kamen die oberen Schuljahre eher vormittags zur Schule, damit die Kinder nachmittags für Aufgaben in der Landwirtschaft zur Verfügung standen.

Am Nachmittag der Einschulung.

Dieser Tag der Einschulung hatte zwar eine besondere Note, dennoch verlief er eher normal. Vater fuhr am Morgen wie immer zur Arbeit und war schon weg, als ich aufstand. Mutter zog mich an wie an einem Sonntag. Lange Hosen, Halbschuhe und dazu einen Pullover. Schließlich wurde ja auch ein Gruppenbild gemacht und darauf sollte der Junge gut aussehen. Auf dem Bild sind elf Kinder zu sehen. Fünf Mädchen und sechs Jungen. Mutter begleitete mich an diesem Tag zur Schule. So zog ich mit einem gewissen Stolz meinen Ranzen auf und wir machten uns auf den Weg. Die Schultüte hatte sie bereits am Tag davor in der Schule bei meiner Lehrerin abgegeben.

Am Morgen begrüßte unsere Lehrerin kurz die neuen Schüler mit ihren Eltern, es schloss sich ein Liedvortrag der älteren Schuljahre an (dabei begleitete sie der Lehrer auf seiner Geige). Danach folgte die Übergabe der Schultüten durch die Eltern. Jetzt noch schnell das Gruppenfoto durch einen extra angereisten Fotografen anfertigen und schon ging es in die Klasse, wo wir unsere Plätze einnahmen.

Als erste Klasse saßen wir vorne in der ersten Reihe. Links die Jungen, rechts die Mädchen. Die Schuljahre zwei bis vier dahinter. Die Tische vorne hatten etwas geringere Abmessungen als die Hinteren. Wir bekamen ein Lese- und ein Rechenbuch und durften heute mal nur so am Unterricht teilnehmen, um zu sehen, wie das ganze ablief. Und das lief so: Morgens oder mittags – je nach Lage des Unterrichts - packte Mutter mein Pausenbrot ein. Im Schulranzen befanden sich noch die Tafel, einige Griffel, ein Schwamm und ein Lappen zum Auswischen des geschriebenen Textes sowie die wenigen Bücher, die natürlich einer pfleglichen Behandlung bedurften. Alle hatte Vater mit Schutzpapier eingebunden. Hatten wir die Bücher durchgearbeitet, gingen sie in unser Eigentum über.

Wir besitzen heute noch die Lesebücher aus dieser Zeit. Wenn unsere Enkel bei uns zu Besuch sind, macht es ihnen viel Freude, darin zu lesen oder etwas daraus vorgelesen zu bekommen. Geschichten von Heiner und den Mäusen Nicki und Nacki stehen ganz oben auf ihrer Wunschliste.

Unsere Lehrerin fasste in der Regel zwei Schuljahre zusammen. Diese beiden Schuljahre erhielten aktiven Unterricht. Anschließend mussten die Schüler das Gelernte in Form von Aufgaben vertiefen. Während dieser Zeit unterrichtete sie die übrigen beiden Schuljahre. Auch sie vertieften im Anschluss den Lernstoff. So wechselte der Unterricht zwischen diesen beiden Gruppen, manchmal auch mehrmals am Tag. Im Sport- und Musikunterricht fasste sie dann alle vier Klassen zusammen. Doch am Ende der Schulzeit konnten wir Rechnen, Schreiben, Lesen und Prozentrechnen. Also die wichtigsten Grundlagen, um für das Leben gerüstet zu sein. Aber Mathematik im heutigen Sinne – Fehlanzeige. Da gab es noch viel aufzuholen im Laufe der Jahre.

Zu Hause sprachen wir platt (Dialekt), eher selten Hochdeutsch. Das führte in den ersten beiden Schuljahren zu manchen Irritationen im Sprachgebrauch.

Da unsere Lehrerin des hiesigen Dialektes nicht mächtig war, legte sie den Eltern doch nahe, auch zu Hause hochdeutsch mit den Kindern zu reden. »Man könnte sonst Nachteile im Leben nicht ausschließen«. So redeten wir nun zu Hause öfters „nach der Schrift", wie meine Eltern zu sagen pflegten. Untereinander, ob in der Schule oder nachmittags im Freien, sprachen wir Kinder immer platt. Heute ist unser Dialekt nahezu ausgestorben. Nach meiner Generation spricht kaum noch jemand diese Sprache. Das ist schade. Denn damit geht eine wichtige charakteristische Eigenheit unserer Region unwiederbringlich verloren.

Gefährlicher Schulweg

Der Weg zur Schule führte normalerweise durchs Dorf über die Dorfstraße, die Steinbacher Straße. Im Dorf gab es damals nur diese eine Straßenbezeichnung für die etwa 150 Häuser. Straßennamen hatte die Gemeinde damals noch nicht ausgewiesen. Die Häuser standen also alle in „derselben Straße", obwohl es mehrere Straßen gab, und waren nach ihrem Baujahr durchnummeriert. Das zuletzt gebaute Haus hatte die höchste Hausnummer.

Da wir keine Lust auf den Umweg durchs Dorf hatten, nahmen wir meist eine Abkürzung direkt durch einige Wiesen. Das kürzte den Weg zur Schule erheblich ab. Von der Gemeinde gab es die Anweisung, dass das Betreten oder Durchqueren von fremden Wiesen nur im Zeitraum zwischen dem 1. Oktober bis zum 31. März erlaubt sei. Danach sollte das Gras in aller Ruhe wachsen, damit die Erträge der Landwirtschaft möglichst hoch ausfielen. Nun verlief diese Abkürzung unter anderem über die Wiese unserer Nachbarin. Wir erinnern uns an sie im Zusammenhang mit der Mauer.

Genauso engstirnig, wie sie sich im Fall meines „Eingeklemmtseins" in der Mauer zeigte, verfuhr sie auch ab dem 1. April. Da stand sie morgens im Fenster und prüfte genau, ob die „verzogenen" Kinder auch den vorgeschriebenen Weg zur Schule nahmen und die Abkürzung über ihre Wiese mieden. Das taten wir natürlich nicht. So rief sie uns am ersten Tag zur Ordnung, was uns aber nicht wirklich störte. Am zweiten Tag verschärfte sie die Maßnahmen entsprechend. Sie stand hinter der Hausecke und hatte sich mit einem Stock bewaffnet. Als wir den Weg über ihre Wiese einschlugen, kam sie aus ihrem Versteck und rannte laut grölend hinter uns her: »Ihr Lausbuben, ich werde euch Beine machen. Dreht sofort um«. Wir waren natürlich schneller als sie und lachten uns über sie kaputt. So erging es uns auch am dritten Tag. Den übrigen Besitzern war es egal, ob wir Kinder über ihre Wiesen liefen.

Doch als ich am dritten April zu Hause ankam, sagte Mutter. »Die Nachbarin hat sich über euch beim Bürgermeister beschwert. Ihr sollt morgen Nachmittag um 15 Uhr dort sein«. Dabei grinste sie verschmitzt. Denn der Bürgermeister war ja mein Opa Ewald. Natürlich durfte er formal gegenüber uns Kindern keine Nachsicht walten lassen, auch mir gegenüber nicht. Doch das würden wir locker überleben.

So traten wir pünktlich um 15 Uhr zu fünft im kleinen Bürgermeisteramt an. Das Bürgermeisteramt diente bis 1926 als Schule. In dem Jahr hatten sie die sogenannte „neue Schule" eröffnet. Der einzige Unterschied zur „alten Schule" war eine zusätzliche Lehrerwohnung. Und dass der Klassenraum mit einigen wenigen Quadratmeter mehr daherkam. Bis dahin wohnte der Lehrer irgendwo im Dorf. Aber einen zweiten Klassenraum hatte man nicht gebaut und das, obwohl ständig zwischen 60 bis 80 Kinder hier zur Schule gingen. Im Rekordjahr 1902 zählte man sogar 102 Schüler - bei einem Lehrer und einem Klassenraum. Damals mussten sie die Klassen dritteln, um die Kinder überhaupt unterrichten zu können.

Opa Ewald hatte eine ernste Miene aufgesetzt: »Kinder, ihr wisst doch, dass ab dem 1. April der Durchgang über die Wiesen verboten ist. Also haltet euch bitte daran. Am Ende werdet ihr noch angezeigt. Ich kann da leider nichts machen. Vorschrift ist nun mal Vorschrift. Aber wenn es regnet, müsst ihr natürlich sehen, dass ihr schnell nach Hause kommt. Sonst werdet ihr am Ende noch krank. Oder wenn die Sonne brennt, müsst ihr natürlich aufpassen, dass ihr keinen Sonnenbrand bekommt«. Dabei zwinkerte er leicht mit dem rechten Auge.

Der Pfad, der über den Winter durch die Wiese ausgetreten war, sollte auch über Sommer nicht zuwachsen. Je mehr die Nachbarin sich ärgerte, umso mehr spitzte sich der „Kampf" zwischen ihr und uns zu. Jeden Tag eine echte Herausforderung, der wir uns neu stellen mussten. Wie können wir sie heute wieder überlisten?

Der neue Schulanbau

Im Laufe der Jahre hatten sie in der Kreisverwaltung eingesehen, dass die Schule doch um einen zweiten Klassenraum erweitert werden sollte. Das geschah in den Jahren 1962 und 1963. So konnte die Gemeinde am 24. August 1963 den Anbau an die Schule eröffnen. Ich besuchte damals das dritte Schuljahr.

Zur Eröffnung hatten sich wichtige Persönlichkeiten, wie der Landrat und der Schulrat angekündigt. Natürlich waren auch die Gemeindevertretung und Opa Ewald als Bürgermeister anwesend. Unsere Lehrerin hatte mit uns das Lied „Kein schöner Land in dieser Zeit" eingeübt. Das sollten wir nun vortragen. Es scheint ganz gut geklappt zu haben. Zumindest kann ich mich an keine Kritik erinnern. Diese wichtigen Männer hielten im Anschluss diverse Reden und lobten das Engagement des Kreises. Wir mussten die ganze Zeit im „Chor" stillstehen. Mir schien es endlos zu sein. Das war nichts für Kinder.

Für uns Schüler bedeutete dieser Tag jedoch einen großen Fortschritt. Jetzt hatten wir für die Grundschule einen eigenen Klassenraum und dazu eine schöne Toilette. Auch besaß die Lehrerin nun ihr eigenes Lehrerzimmer. Und der Unterricht musste nicht ständig zwischen vor- und nachmittags wechseln. Was hatten wir nun für ein Leben! Nachmittags hatten wir immer schulfrei. Es war einfach perfekt. Allerdings hatte das Ganze auch einen gewissen Nachteil: Denn jetzt waren wir nachmittags „verfügbar" und wurden natürlich auch prompt für Tätigkeiten zu Hause oder in der Landwirtschaft mit eingesetzt. Dennoch blieb genügend Freiraum zum Spielen mit den Freunden. Dazu kommen wir noch.

Weihnachtsfeiern

Vaters Arbeitgeber, die Buderus AG in Wetzlar, hatte für Kinder ein Herz. Jedes Jahr lud sie alle Kinder der Arbeiter und Angestellten in der Vorweihnachtszeit ins Stadttheater Gießen ein. Dort führten die Schauspieler des Theaters für die Kinder ein Märchen auf. Das galt ab einem Alter von sechs Jahren.

So gehörte ich in 1961 zu den Auserwählten und erhielt eine Einladung. Die Kinder fuhren mit einem Sonderzug ab Dillenburg nach Gießen. An jeder Station konnten weitere Kinder zusteigen. Für uns bedeutete das die Fahrt ab Dillenburg. Die Begleitung der Kinder erfolgte durch Mitarbeiter der Sanitätsstationen, durch Betriebsratsmitglieder sowie auch einigen Eltern. Im Zug gab es ein kleines Päckchen mit einem großen Salamibrötchen, einer kleinen Tüte Milch und einem Spielzeug.

Das galt in diesem Jahr für alle Kinder, außer für mich. Opa Emil hatte als Mitglied des Aufsichtsrats von Buderus für diesen besonderen Tag meines Lebens etwas ganz Eigenes organisiert. Er und Oma Hedwig begleiteten mich. Und wir fuhren auch nicht im Zug, sondern in einem „fetten" Mercedes inklusiv einem Chauffeur mit Schirmmütze. Wir mussten auch nicht zu unserem Sammelpunkt am Bahnhof Dillenburg, der Chauffeur holte uns zu Hause ab. Als er vorfuhr, staunten die Nachbarn nicht schlecht. »Die fahren in einem Mercedes mit Chauffeur«. Wie sich später herausstellte, war es der Mercedes von einem der Direktoren. Opa trug seinen dunklen Anzug mit Krawatte, dazu einen Hut und einen Mantel. Oma hatte ihr bestes Kleid angezogen. Darüber trug auch sie einen Mantel. Mich schmückte meine Sonntagskleidung.

Der Chauffeur stieg aus, öffnete uns die Türen und nahm dabei sogar die Mütze ab. Opa stieg vorne ein,

Oma und ich hinten. In Opas Gesicht zeigte sich ein verschmitztes Lächeln. Er war zufrieden! Die Fahrt zum Theater über die Landstraße dauerte eine gute Stunde. Die Autobahn A45 sollte erst 1971 in Betrieb gehen. Unterwegs erhielt ich mein Päckchen mit meinem Salamibrötchen. So ein Teil hatte ich bis dahin noch nie gegessen. Nach dem Hineinbeißen erwarteten meine Geschmacksnerven ein völlig neues Erlebnis. Leicht süß und die Salamiwurst - einfach köstlich. Auch Oma und Opa nahmen einen Snack.

In Gießen hielt der Wagen direkt vor dem Theatereingang. Der Chauffeur öffnete wieder die Türen und wir stiegen aus. Im Theater begrüßte Opa viele wichtige Menschen oder er wurde von wichtigen Menschen begrüßt. Da merkte ich: Das ist ein bedeutender Mann. Wir saßen auch nicht unten im Theater, sondern in einer der Logen. Perfekte Sicht auf die Vorführung. Nur wir Drei. Oh, wie waren wir so wichtig!

Nach der Vorstellung fuhr der Wagen vor. Wir stiegen ein und es ging nach Hause. Was für ein Tag in meinem bisherigen Leben. Ich hatte eine andere und völlig neue Welt kennengelernt.

Die nächsten Jahre fuhr ich dann auch mit dem Sonderzug. Meistens begleitete Opa Emil mich, da er zum offiziellen Begleitpersonal gehörte. Leider hat mein Bruder das nur noch zweimal erlebt. Denn als er acht Jahre alt war, hatte die Firma dieses sehr schöne Event für die Kinder gerade eingestellt.

Im Ort besuchte ich jeden Sonntag den Kindergottesdienst, Sonntagschule genannt. Dort gingen alle Kinder des Dorfes am Sonntag hin. Auch in der Sonntagschule gab es jedes Jahr eine Weihnachtsfeier. Dazu übten wir Kinder Gedichte und ein Anspiel zum Thema Weihnachten ein. Zum Abschluss erhielten wir ein Geschenk. Meist eine Tasse oder einen Teller mit einer entsprechenden Gravur, z.B. „Sonntagschule 1962". Die Feier selbst war für den gesamten Ort ein großes Event. Als ich zehn Jahre alt war, hatte ich einen Blackout bei meinem Vortrag. Im Kopf klemmte es. Ich brachte das Gedicht nicht mehr zusammen. Die Gedanken überschlugen sich, ich bekam keine Ordnung hinein. Zunächst herrschte gespannte Ruhe im Saal. Dann fing eine Frau laut an zu lachen. Das war es dann für mich. Bis zum 14. Lebensjahr, so lange besuchten wir den Kindergottesdienst, habe ich mich standhaft geweigert, noch einmal ein Gedicht aufzusagen.

Es hat lange gebraucht, bis ich die Scheu vor Mensch zu stehen, überwunden hatte. Inzwischen machen mir selbst 500 Besucher nichts mehr aus.

Die Berliner Mauer

Seit dem 7. Oktober 1949 war Deutschland geteilt. Im Westen die Bundesrepublik Deutschland und im Osten die Deutsche Demokratische Republik (DDR). Im

Frühjahr 1961 verschlechterte sich die wirtschaftliche Lage der DDR rapide, die Versorgungsprobleme nahmen zu und die Zahl der Flüchtlinge wuchs von Tag zu Tag. Zehntausende flüchteten jeden Monat aus der DDR. Das Land blutete aus, das Ende der DDR schien nahe. Rund 2,7 Mio. Menschen hatten zwischen 1949 und 1961 das Land und Ost-Berlin in Richtung Westen verlassen. Darunter waren vor allem gut ausgebildete junge Arbeiter und Akademiker. Allein im Juli 1961 verließen 30.000 Menschen das Land. Zu dem Arbeitskräftemangel kam auch der Abfluss von Waren aller Art und der illegale Geldumtausch, der die Währung schwächte. Täglich passierten rund eine halbe Million Menschen in beide Richtungen die Sektorengrenzen in Berlin.

Am frühen Morgen des 13. August 1961 begannen bewaffnete Grenzpolizisten mitten in Berlin das Straßenpflaster aufzureißen. Asphaltstücke und Pflastersteine wurden zu Barrikaden aufgeschichtet, Betonpfähle eingerammt und Stacheldrahtverhaue gezogen. Die Absperrung lief entlang der sowjetischen Sektorengrenze mitten durch Berlin. Geschütze und Panzer fuhren auf, der Berufsverkehr musste für sämtliche Bewohner der Randgebiete Berlins neu organisiert werden. Bereits um Mitternacht wurde der S-Bahn-Verkehr zwischen den Westsektoren Berlins und der DDR unterbrochen. In der Nacht vom 17.

zum 18. August ersetzte die DDR den Stacheldraht-
zaun durch eine Mauer aus Hohlblocksteinen. Als der
Morgen graut, war die Grenze dicht.

Mit dem Bau der Berliner Mauer schloss die SED-
Führung den letzten offenen Übergang zwischen Ost-
und Westdeutschland. Für die Bevölkerung in der
DDR bedeutete die Mauer das endgültige Ende ihrer
Freizügigkeit und der Möglichkeit, sich der SED-Po-
litik durch Abwanderung zu entziehen. Deutschland
war endgültig geteilt!

In der Familie und im Dorf verursachte das eine
entsprechende Sorge um den weiteren Frieden im
Land. Da verbleiben wir doch erst mal bei dem, was
sich bewährt hat, war zunächst noch die Devise in
vielen Häusern.

Der neue Traktor

1962 traf die Familie eine erneute mutige Investitionsentscheidung: Sie kauften einen Traktor für die Großfamilie. Traktoren erfreuten sich damals einer großen
Nachfrage, denn viele Bauern im Nebenerwerb versuchten durch die Unterstützung von Maschinen Erleichterung, mehr Ertrag und vor allem auch zusätzliche Zeit zu generieren.

Opa Emil hatte nach langer Recherche und vielen
Nachfragen einen Traktor im „Hinterland" ausfindig
gemacht. Der musste nun besichtigt werden. Also

fuhren er und Vater dorthin. Mich nahmen sie mit. Nach einer Probefahrt und langen Verhandlungen kauften sie das Teil. Einen roten Traktor D90 der Marke Fahr mit einem 12 PS-Einzylinder-Motor. Und das Beste daran: Ich durfte mit Opa die 30 Kilometer zurückfahren. Vater gefiel das überhaupt nicht. Doch Opa setzte sich zu meiner Freude durch.

So fuhr Vater mit dem Auto zurück, Opa und ich mit dem neu erworbenen Traktor. Höchstgeschwindigkeit 19 Kilometer pro Stunde. Ich saß auf einem kleinen Sitz oberhalb des Hinterrads und hielt mich krampfhaft am Bügel fest. Der Fahrtwind sauste uns um die Ohren und Opa rauchte während der Fahrt wie immer seine Pfeife. Er war zufrieden, das merkte ich. Denn es war herrlich, diese Freiheit zu genießen und den Sound des Motors zu spüren. Der Geruch der Dieselabgase gepaart mit Ruß verstärkte dieses Gefühl noch. Nach etwa zwei Stunden hatten wir es geschafft. Zu Hause stand schon das komplette Begrüßungskommando bereit, mehr aus Sorge um den Jungen als aus Neugier auf den Traktor. Mutter nahm mich sofort in die Arme und Oma Hedwig schimpfte auf ihren Emil ein: »Was hast Du dir dabei gedacht, den Jungen auf dem Traktor ohne richtigen Sitz mitzunehmen? Wir sind vor Sorgen fast umgekommen«! Opa grinste das weg.

Jetzt fehlte nur noch ein neuer Anhänger. Der Wagen für das Kuhgespann mit seinen eisernen Ringen über den Rädern war für „Zeitlupengeschwindigkeit" ausgelegt. Mit dem Turbo des Traktors kam er nicht mit. Das hätte nur funktioniert, wenn der Traktor ganz langsam gefahren wäre. So stand auch bald ein neuer Anhänger mit Gummireifen auf dem Hof. Jetzt passte alles zusammen. Und unser Leben wurde von Stund an leichter.

Eine Wiese mit der Sense mähen, Vergangenheit. Das Heu oder die geernteten Kartoffeln mit dem Kuhgespann nach Hause fahren, geschenkt. Den Weizen zur Dreschmaschine sowie Korn oder Stroh nach Hause transportieren ohne dabei die Kühe ruhigzuhalten, eine einfache Angelegenheit. Und wir merkten schnell: Eine Ergänzung durch weitere Zusatzgeräte ist möglich und bringt weitere Entlastungen für die Familie: Heuwender, Kartoffelmaschine, Mähbinder bis zum Mähdrescher. Da geht einiges - wenn das Geld dafür da ist. Jetzt gehörten wir zum Fortschritt – oder doch nicht? Denn die eine Frage überlagerte alles: »Wie geht es mit unserem Leben weiter und brauchen wir dabei noch die Landwirtschaft?«.

Nach und nach ereilte uns die Realität. Denn wir überholten uns sozusagen selbst. Die Kühe als „Zugmaschine" brauchten wir nicht mehr. Und zwei Kühe im Stall nur für die Milcherzeugung? Das war zu viel des Guten. Das täglich Ausmisten, die Fütterungen und sie mussten gemolken werden. Dazu tat ihnen das ewige Stehen im Stall nicht gut. Also brauchten sie Bewegung. Aufwand und Nutzen standen in keinem vernünftigen Verhältnis mehr zueinander.

Da lag es nahe, zumindest eine Kuh „abzuschaffen". Was meine Eltern in 1963 umsetzten. Was blieb, waren eine Kuh, das Schwein sowie die Hühner. Dazu Kartoffeln und Getreide aus eigenem Anbau sowie die Heuernte - jetzt aber nur noch für eine Kuh. Gleichzeitig leerte sich die Scheune merklich und meinen Eltern dämmerte, dass es wohl doch keine so gute Idee gewesen sei, diese Scheune zu bauen. Denn sollten sie die zweite Kuh auch noch weggeben, spätestens dann mutierte die Scheune zum riesigen Abstellraum. Das wir einmal einen Traktor besäßen, konnten sie natürlich Ende der 1950er Jahre nicht ahnen. Und vor allem nicht die Auswirkungen dieser Maschine auf die Arbeit.

Der Traktor verändert alles

Wie schon gesagt, mit dem Traktor änderte sich quasi alles. Die Arbeitsgeschwindigkeit stieg rasant an, wobei gleichzeitig der Arbeitsaufwand enorm sank. Hier einige Beispiele:

Heuernte: Standen die Männer während der Erntezeit, meist Mitte Juni, morgens um drei Uhr auf, um vor dem Weg zur Arbeit bereits eine Wiese mit der Sense zu mähen, konnten sie nun länger liegen bleiben. Das ging nachmittags mit dem Traktor total schnell. Und während bisher die Frauen den Weg zur nächsten Wiese zu Fuß zurücklegten, um das Heu zu wenden oder für die Nacht „aufzumachen", ging das mit dem Traktor deutlich kräfteschonender und auch schneller. Ebenso vereinfachte sich das Einfahren des Heus. Wir konnten viel mehr aufladen, denn der Traktor zog deutlich mehr Last als die beiden Kühe.

Kartoffeln einsetzen und -ernten: Vor dem Einsetzen der Kartoffeln mussten die Äcker vorbereitet sein. Eggen, Pflügen und Mist als Dünger verteilen. Mit den beiden Kühen eine langwierige Sache. Mit dem Traktor steigerten sie die Arbeitsgeschwindigkeit enorm. Und auch beim Einsetzen selber zog der Traktor seine Bahn mit dem Pflug entsprechend schneller. Bei der Ernte und beim Nacharbeiten der Felder dasselbe.

Kornernte: Hier spürte man die Unterstützung der Maschine am stärksten. Denn alleine das Abmähen der sperrigen Halme per Hand war echte Knochenarbeit. Danach wurden Garben gebunden und zusammengestellt. Sie blieben stehen, bis sie ausreichend getrocknet waren. Dann ging's zur Dreschmaschine. Dort hieß es mit den Kühen erst einmal „Warten". Für die Kuhgespanne die Höchststrafe.

Ein weiterer erheblicher Nutzen ergab sich im Wald, wenn das Brennholz für den Winter abgeholzt, verarbeitet sowie abtransportiert werden musste.

Jedoch standen die Frauen der Familie plötzlich völlig neuen Herausforderungen gegenüber. Sie durften den Traktor ohne Führerschein nicht fahren. Tagsüber wäre der Traktor auch für sie eine große Hilfe gewesen. Tante Emma machte jetzt schnell den Führerschein und Mutter fuhr nach ein paar „Fahrstunden" von Vater einfach „schwarz", also ohne Fahrerlaubnis. Im Dorf und auf den Wegen zu den Feldern und Wiesen stellte das damals kein großes Risiko dar. Und auch ich durfte nun immer öfter den Traktor fahren.

Mitte der 1960er Jahre kaufte Opa Emil für die Großfamilie einen Mähbinder. Ein rotes Höllenteil. Dieses Gerät zog der Traktor und bündelte dabei verschiedene Arbeitsschritte der Getreideernte: Mähen, aufsammeln und binden der Garben. Eine feine Sache – wenn er denn funktionierte. Denn meist streikte das Teil und immer an der gleichen Stelle: Es band die Garben nicht zusammen. Der Faden war gerissen oder hatte sich verknotet. Nach drei Jahren verkaufte er den Binder wieder. Denn damals boten bereits Landwirte mit einem vollautomatischen Mähdrescher ihre Dienste an und ernteten so ein Feld in Rekordzeit inklusive des Dreschvorgangs komplett ab. Das Stroh lag gebündelt auf dem Acker und die Säcke waren befüllt. Das bedeutete das AUS für die Dreschmaschine. Sie wurde Ende der 1960er Jahre stillgelegt.

Nach der Grundschule

Wie geht es nach der Grundschule mit dem Jungen
weiter? Das war die im vierten Schuljahr bestim-
mende Frage bei uns zu Hause. Meine Lehrerin befür-
wortete gegenüber meinen Eltern die Versetzung in
die Realschule.

So nahm ich nach Ostern 1964 den täglichen und
beschwerlichen Weg nach Haiger auf mich. Denn dieser Schritt war mit einem erheblichen Aufwand und
auch der Veränderung meines bisherigen Lebens verbunden. Alleine die Hin- und Herfahrten glichen einem Abenteuer. Morgens konnte ich mit dem Bus
fahren. Aber zurück nur, wenn ich um halb Zwei den
Bus nehmen konnte. War die Schule früher aus, hieß
es warten. War sie später aus, ging es die fünf Kilometer zu Fuß nach Hause. Gehzeit eine Stunde. Der
nächste Bus fuhr um 17 Uhr.

Doch was soll ich sagen: Es klappte nicht. Nach einem halben Jahr war offensichtlich, dass meine Leistungen für das geforderte Niveau der Realschule
nicht ausreichten. Deutsch lag mir überhaupt nicht, in
Englisch klappte es auch nicht und im Matheunter-
richt kam ich nicht über die Note Vier hinaus. Zwei
Fünfen und eine Vier nach einem halben Schuljahr in
den Hauptfächern. Da musste was passieren. Es
zehrte auch gewaltig an meinem Nervenkostüm.
Denn da braute sich innerhalb der Familie was zusammen. »Der Junge muss wieder von der Schule und

zurück nach Steinbach«, meinten meine Eltern. Doch damit war der Makel des Scheiterns verbunden. Die anderen bekamen es doch auch hin. Für mich wurden die Tage immer mehr zur Qual. Eine schlechte Note reihte sich an die nächste. Jede Klassenarbeit bereitete mir Übelkeit. Das war nichts für mich. Ich hatte abgenommen. So trafen meine Eltern die schwere Entscheidung, mich zurück in die Volksschule im Ort versetzen zu lassen. Das passierte im Herbst 1964.

Doch jetzt wartete eine andere Herausforderung auf mich: Wie würden sich meine früheren Mitschüler verhalten, wenn ich am nächsten Morgen wieder in der Volksschule auftauche? Würden sie mich verspotten oder hänseln? Ich hatte da große Bedenken. Doch nichts dergleichen geschah. Sie nahmen mich auf, als wäre ich nie weggewesen. Das half mir damals sehr über diese Zeit hinweg.

Insgesamt hat dieses halbe Jahr in der Realschule mein Leben enorm geprägt. Denn im Alter von 15 Jahre begann ich, diese „Scherbe" meines Lebens auszumerzen. Das kostete mich dreieinhalb Jahre meiner Jugend, weil ich auf dem zweiten Bildungsweg die Fachschulreife nachholte. Damals machte ich bereits eine Ausbildung zum Technischen Zeichner. Parallel dazu ging es Montag- und Freitag-Abend nach der Arbeit sowie Samstag-Vormittag nach Dillenburg in die Berufsaufbauschule. Eine harte Zeit. Von den damals 72 gestarteten Mitschülern erreichten gerade mal sieben das Ziel. Doch am Ende hatte es sich gelohnt und mir die Türen zum Weiterkommen über das Abitur bis zum Studium geöffnet. Eines war nach dieser Zeit klar: Der Junge kann es doch und ist belastbar!

Schulunterricht vom 5. bis 8. Schuljahr

Wie schon berichtet, verbrachte ich die Schuljahre fünf bis acht in der Volksschule im Ort. Vier Klassen in einem Raum. Vorne in der Mitte stand die Tafel. Die konnte unser Lehrer von vorne und hinten beschreiben. Dazu musste er sie nur einmal um die eigene Achse herumklappen. Vorne links der Lehrertisch. Direkt davor die erste Reihe der Jungen aus dem 5. Schuljahr, auf der anderen Seite die Tische für die Mädchen. Hinten saßen die Achtklässler, also die „Großen". An der rechten Innenwand stand der Ofen zum Beheizen des Raums. Das Heizen gehörte zu den Aufgaben des achten Schuljahrs. Morgens Holz holen, den Ofen anfeuern und am Brennen halten. Auch das Entsorgen der Asche umfasste diese Aufgabe. Das Holz selbst besorgte die Gemeinde. Ebenso an der rechten Seite: Ein Schrank mit Landkarten für das Fach Erdkunde.

Montags war „Feiertag" in der Schule. Um 9:30 Uhr stellte unser Lehrer das Radio an. Der NDR sendete um diese Zeit „Neues aus Waldhagen". Dabei handelte es sich um einen fiktiven Ort. Es traten in Erscheinung: der Bürgermeister, der Wirt vom „Gasthaus Zum Fetten Ochsen", der Arzt und ein Dorfpolizist. Weiterhin Bauern und deren Ehefrauen, Großeltern sowie Kinder mit unterschiedlichen Temperamenten [2]. So konnten wir die Schicksale der Figuren über Jahre mitverfolgen. Das Ziel war eine Art „Gemeinschaftskunde" für Anfänger. Die Zielgruppe: Kinder vom vierten bis zum sechsten Schuljahr. Aber wir hörten die Sendung auch noch im achten Schuljahr. Das ging ja auch gar nicht anders, wir saßen ja alle in einem Raum.

Danach war Sportunterricht angesagt. Bei schlechtem Wetter stellten wir die hinteren Tische zu zwei Gruppen zusammen und spielten Tischtennis. Bei schönem Wetter ging's nach draußen. Entweder auf den Bolzplatz direkt neben der Schule oder zum Sportplatz. Dort spielten die Jungen Fußball und die Mädchen bauten im direkt angrenzenden Wald kleine Häuschen und spielten dort. Unser Lehrer rauchte währenddessen seine „Reval". Anleitungen zum Sportunterricht gab es von ihm nicht.

Jedes Jahr im Frühling begannen die älteren Schüler damit, im Wald ein „Zwergendorf" aufzubauen. Das bestand aus kleinen Häuschen inkl. der benötigten Infrastruktur wie Straßen, einer Mühle, einem Backhaus, einer Schmiede, einer Kirche usw. Das Dorf entstand immer an einem kleinen Bach in einem

Fichtenwald. Hatten die Kinder das Dorf fertig gestellt, setzte eine regelrechte „Völkerwanderung" zum „Zwergendorf" ein. Jeden Sonntag kamen viele Besucher, um das Dorf zu besichtigten. Und natürlich ließ sich auch unser Lehrer dafür loben. Als ich mit 13 Jahren an der Reihe gewesen wäre, hatte sich dieser Brauch überlebt. Ich bin nie in den Genuss zum Bau dieses Dorfes gekommen. Schade.

Die schulischen Erziehungsmethoden unterschieden sich sehr vom heutigen antiautoritären und kameradschaftlichen Umgang zwischen Lehrer und Schülern. Härte war angesagt. Dazu hatte er sein Holzlineal. Es kam nicht selten zum Einsatz. Ich hatte da vielleicht einen kleinen Bonus, weil ich der Enkel des Bürgermeisters war. Aber auch ich habe die Kraft des Lättchens gar manchmal gespürt. Entweder er schlug damit auf den Hinterkopf und schimpfte dabei laut in seinem Dialekt »Wirst hören, garstig Kerl«. Manchmal schlug er auch auf die Finger. Das tat besonders weh. Klappte es im Musikunterricht nicht nach seinen Wünschen, nahm er auch schon mal den Geigenstock. Dabei war seine Botschaft: »wirst singen, wirst singen…«. Das dumme war nur, wenn ich zu Hause davon erzählt hätte, konnte es passieren, dass ich gleich noch eine Ohrfeige hinterher bekommen hätte. Deshalb schwieg der Betroffene gerne zu solchen Ereignissen.

Apropos Musikunterricht. Unser Lehrer spielte Geige. Auf Basis dieses Instrumentes lernten wir neue Lieder oder sangen bereits Bekannte. Noten habe ich nie gelernt. Dabei sangen wir natürlich bewusst und oft schief, einfach um ihn zu ärgern. Das Ergebnis führte dann zu den beschriebenen Zurechtweisungen mit dem Geigenstock. Das war am Ende meistens lustig, besonders wenn es andere traf.

Die Zeugnisse schrieb er stets mit der Hand in einer vorbildlichen und gestochen scharfen Schrift. Meist fand ich dort die Note befriedigend. Ausreiser nach oben oder unten kamen eher selten vor. Wir waren eben alle Durchschnitt.

Jedes Jahr am 1. Mai zog der „Maimann" durchs Dorf. Eine Aufgabe für das 8. Schuljahr. Gab es doch einiges an „Gewinn" einzusacken. Wie lief das ab? Zunächst musste einer der Schüler zum Maimann deklariert werden. Natürlich alles geheime Kommandosache. Am besten jemand, der bis dahin eher klein gewachsen war.

Der- oder diejenige wurde dann am Morgen des 1. Mai von den Klassenkameraden auf einen kleinen Leiterwagen gesetzt und mit frischen Birkenreisern verkleidet, also versteckt. Hatte dieser Vorgang den Grad der völligen Verkleidung erreicht, ging es los. Am Ortsrand warteten schon alle Schulkinder des Dorfes, um sich dem Maimann anzuschließen. So zog nun der gesamte Tross durch den Ort hinter dem Leiterwagen her. Dabei sangen wir Lieder zum ersten Mai oder andere Volkslieder. Die Bewohner standen vor ihren Häusern oder an der Straße und beobachteten die Szenerie. Und immer war eine Frage präsent: Wer steckte wohl in diesen Birkenreisern?

Die Mädchen des achten Schuljahrs zogen dabei von Haus zu Haus und sammelten für ihren Jahrgang.

Der Maimann zieht durchs Dorf.

Meistens bekamen sie Eier, später auch immer öfters Bargeld. Diese Einnahmen verteilten sie untereinander oder das Geld steckte man in die Klassenkasse. In 1967 waren wir mit unserem Jahrgang an der Reihe. Ich brachte anschließend eine Ladung Eier mit nach

Hause. Das wenige Geld steckten wir in die Klassenkasse.

Dieser Brauch wurde bis 1977 gepflegt. In diesem Jahr endete der Schulbetrieb im Ort. Alle Schüler gingen ab diesem Datum in Haiger zur Schule. Damit endete auch der Brauch des Maimann. Einfach, weil niemand mehr die Organisation dieses Events übernahm. Die Lehrer in Haiger hatten damit nichts am Hut.

Verschickungskind

Mein körperlicher Zustand hatte sich innerhalb des halben Jahres, in dem ich die Realschule besuchte, deutlich verschlechtert. Unser Hausarzt meinte daraufhin, dass dem Jungen Luftveränderung und ein paar neue Eindrücke guttun würden. Zum Beispiel einige Wochen in einem Kinderheim, möglichst weit weg von zu Hause. »Dann wird das wieder«, war seine Diagnose. Der Begriff „Luftveränderung" löste bei meinen Eltern eifrige Zustimmung aus. So war es damals: Ärzte, Lehrer und Pfarrer waren quasi höhere Wesen. Deren Rat widersprach man nicht.

Eine solche Empfehlung gehörte zum Standardrepertoire bei derartigen Kindern. Wenn Kinder zu dick, zu dünn oder zu blass waren, wenn sie Asthma oder Tuberkulose hatten, dann wurde diese Karte gezogen. Verschickungskinder nannte man diese Art der „Erholung" mit Luftveränderung. So hatten sie bald über den Kreis ein Kinderheim ausfindig gemacht, in das der Junge für vier Wochen einziehen sollte – in Schorndorf auf der Schwäbischen Alb. Für mich die Höchststrafe. War ich doch noch nie über einen Radius von 100 Kilometern über die Dorfgrenze hinausgekommen. Bis dahin bestanden die Highlights aus Fahrten mit dem Schienenbus durch die beiden Tunnel nach Siegen, zur Firmen-Weihnachtsfeier in Gießen sowie den „Sonderfahrten" mit der Familie nach Frankfurt in den Zoo. Urlaub war etwas, dass wir zwar kannten aber noch nie erlebt hatten. Urlaub ist etwas für Reiche und Menschen aus der Stadt. Wir haben dafür keine Zeit, hieß es überall im Dorf. So sollte es noch etwas dauern, bis auch wir in den Genuss einer Urlaubsreise kommen sollten.

Die größte Herausforderung für mich war, dass ich das mit elf Jahren zum ersten Mal alleine „stemmen" musste. Nach Schorndorf ging's mit dem Zug. Abfahrt vom Bahnhof Dillenburg in Begleitung einer Dame in Schwesterntracht. Neben mir traten noch weitere Kinder aus der Region die Reise ab Dillenburg an. Wie viele es waren, weiß ich nicht mehr. Am Bahnhof Schorndorf holte uns ein kleiner Bus ab. Nach insgesamt etwa acht Stunden Fahrt kamen wir im Kinderheim an. Dort bezog ich meinen Schlafplatz in einem Schlafsaal mit zwölf anderen mir völlig fremden Jungen. Für meine wenigen Sachen stellte das Heim einen kleinen Schrank (Spind) zur Verfügung.

Der Tagesablauf war streng geregelt. Nach dem Frühstück gab es Unterricht. Bei sehr unterschiedlichem Lernstand konnten die Lehrer nur Basisarbeit leisten. Mittags wurde geruht. Die Nachmittage gestalteten sich etwas kurzweiliger. Gemeinsame Unternehmungen und kleine Ausflüge. Besonders gerne erinnere ich mich an die Besuche in einer Tagebaugrube. Dort konnten wir Fossilien suchen und auch reichlich finden. Das hatte einen Hauch von Abenteuer. Nach dem Abendessen war spätestens um acht Uhr Feierabend. Wir zählten ja noch als Kinder.

Diese Zeit im Kinderheim sollte ursprünglich dem Aufbau meiner Kräfte dienen. Doch das ging bereits nach wenigen Tagen schief. Morgens zum Frühstück hielt der Speiseplan zum Brot stets nahrhafte Milchprodukte bereit – meist Milchsuppe mit Rosinen als Zugabe, auch schon mal Reis- oder Grießbrei. Die Kinder sollten ja zunehmen. Diese Milchprodukte gehörten schon zu Hause zu den Speisen, die ich überhaupt nicht mochte. Allein der Geruch von warmer Milch erzeugte bei mir ein Gefühl von „Übelkeit".

So kam es nach wenigen Tagen zum Super Gau. Ich konnte das Zeug nicht mehr essen und übergab mich. Die nächsten Tage verliefen auch nicht besser. Denn meine Versuche, mich von dieser Speise zu befreien, liefen ins Leere. Jeden Morgen musste ich das essen. Manchmal saß ich noch alleine im Speisesaal und kämpfte mit dem Brei. »Den kriegen wir schon weichgekocht«, lautete die Devise. Nach vier Wochen hatte ich einen solchen Ekel auf alle Milchprodukte, dass ich in meinem Leben nie mehr etwas Derartiges gegessen habe bzw. essen konnte. Dazu gesellte sich das Heimweh. Denn diese mir völlig fremde Welt mit ihren obskuren Regeln war mir fremd. Ich wollte heim! So kam ich in einem schlechteren Zustand nach Hause, als ich hingefahren war. Ganz abgesehen von den psychischen Belastungen während dieser Zeit. Dieser Tipp des Arztes hatte sich als Rohrkrepierer erwiesen.

Als nächstes versuchten es meine Eltern auf Anraten des Arztes mit Lebertran als Appetitanreger. Nicht gerade schmackhaft, wenn man jeden Tag einen Löffel davon essen muss. Und weil der Junge immer noch sehr „dünn" war, drohte bereits ein Jahr später neues Ungemach. Damals war ich 12 Jahre alt.

Die Buderus AG, in der mein Vater arbeitete, unterhielt auch soziale Einrichtungen für die Mitarbeiter. Und das nicht nur für die Arbeiter und Angestellten inklusiv deren Frauen, sondern auch für deren Kinder, wie z.B. ein Kinderheim in Hirzenhain im Vogelsberg. Es war ein kleines beschauliches Haus mit vielleicht 12 Plätzen. Zum Glück nicht stundenweit von zu Hause entfernt. In 90 Minuten konnte man das erreichen.

So legte sich Opa Emil als Mitglied des Aufsichtsrats erneut ins Zeug, um mir einen Platz zu sichern, was ihm auch gelang. Die Anreise erfolgte mit einem kleinen Bus. Im Buderus Kinderheim ging es bedeutend lockerer zu und das Essen entsprach auch meinem Geschmack. Vor allem servierten sie uns morgens keine warmen Milchprodukte. Denn über allem stand die Devise: Jeder kann alles essen, muss es aber nicht. Wie befreiend für mich. Hier war alles familiärer. Kleine Schlafzimmer und nette Betreuerinnen. Ich habe diese Zeit, es waren am Ende vier Wochen, in guter Erinnerung behalten. Ob ich dabei zugenommen hatte, weiß ich nicht mehr.

Dreizehn Jahre später sollte ich als frischgebackener Diplom Ingenieur in der Buderus AG meine berufliche Laufbahn beginnen. Allerdings war zu der Zeit niemand mehr von meinen Verwandten im Konzern beschäftigt. Vater hatte 1972 die Stelle gewechselt und Opa Emil befand sich seit 1969 im Ruhestand.

Eine neue Erfahrung - Kurzurlaub

Oma Hedwig und Opa Emil waren Anfang der 1960er Jahre zwei Wochen in Urlaub gefahren. Mit fast 60 Jahren ihr erster Urlaub. Sie wohnten in einem der Buderus-Häuser in Bad Salzhausen im Vogelsberg. Da hatten sie die Idee, dass ich doch über eines der

Wochenenden zu ihnen kommen könnte. Wir entschieden uns für die letzten Tage. Da konnte ich mit Opa und Oma zurückfahren, ohne dass Vater eine Extratour fahren musste. So fuhren wir gemeinsam dorthin. Vater, Mutter, mein Bruder und ich. Dort verbrachten wir einen gemeinsamen Tag, ehe die anderen wieder zurückfuhren. Ich blieb bei Oma und Opa. Für einen zwölfjährigen Jungen sicher kein optimales Umfeld, so mit den beiden „Alten" im Laufe des Tages spazieren zu gehen.

Ich schlief auf einem Sofa, das in ihrem Zimmer stand. Die Mahlzeiten nahmen wir gemeinsam ein und dazwischen war Urlaub angesagt, wie ältere Leute das eben so machten. Immer schön ruhig und keine Hektik. Sie wollten sich schließlich erholen. Hektik und Stress hatten sie zu Hause genug, alleine schon wegen der vielen Arbeit. Dabei waren die Beiden stets bestens angezogen. Opa meistens im Anzug und sogar mit Krawatte, Oma im besten Kleid und immer mit Spazierstock.

Einmal fuhren wir gemeinsam zum Hoherodskopf, mit 763 Metern der höchste Berg des Vogelsbergs und der höchste Berg, auf dem ich bis dahin je gewesen war. Bei uns ging es zwar auch bis 580 Meter hoch, z.B. auf die Tiefenrother Höhe und der nächste höhere Berg war die Fuchskaute, der „Keuchhustenberg". Der Hoherodskopf hielt allerdings noch eine Überraschung für uns bereit: Eine echte Sprungschanze. Diese Naturschanze hatte der Skiclub Friedberg in 1953 errichtet. Jeden Winter führten sie dort ein Springen durch. Der Schanzenrekord liegt übrigens bei 34 Metern. Eine Weite, über die heute gelächelt wird. Dennoch für Hessen eine echte Sensation in der damaligen Zeit.

Nach vier Tagen war mein erster Urlaub auch schon wieder vorbei. Das war durchaus etwas Besonderes für mich gewesen.

Nachmittage

Wie bereits erwähnt, hatte mein Leben an den Nachmittagen einen gewissen Anteil an der Mitarbeit in der Landwirtschaft, besonders in der Zeit zwischen April und September, wenn Hochbetrieb auf den Wiesen und Feldern herrschte. Daraus ergaben sich für das weitere Leben durchaus positive Effekte. Denn so wurde ich früh an das Arbeiten im „Team", aber auch zur Übernahme von Verantwortung herangeführt. Die Aufgaben nahmen jedoch mit zunehmendem Alter ab, weil der Traktor für eine deutliche Arbeitserleichterung sorgte und wir uns in der Folge landwirtschaftlich verkleinert hatten.

Wenn nichts anlag, spielten wir zusammen mit den Kindern aus der Nachbarschaft. Immer draußen, denn auf der Straße gab es genug Platz. Und in der Nachbarschaft lebten viele Kinder in meinem Alter.

Allerdings hatte die Straße, die direkt vor unserem Haus verlief, bis 1960 noch keinen Asphaltbelag. Es handelte sich um einen festgefahrenen früheren Feldweg. Davor verlief ein kleiner Bach. Für uns natürlich ein Quell der Versuchung. Dieser Spielplatz sollte im Jahr 1960 ausradiert werden, indem der Bach in große unterirdische Röhren verlegt und die Straße asphaltiert wurde.

Etwas oberhalb unseres Hauses verlief die Straße gerade. Zudem war die Straße asphaltiert. Das ergab für uns den perfekten Spielplatz. Im Sommer zum Fahrradfahren, Rollschuhlaufen und zum Fußballspielen. Auch Hockey (mit Rollschuhen) gehörte zu unseren Favoriten. Im Winter, wenn auf der Straße Schnee lag oder diese gar mit einer Eisschicht bedeckt war, hatten wir perfekte Bedingungen zum Schlittenfahren oder zum Eishockeyspielen. Die Schneeräumung der Straße im heutigen Sinn war im Dorf unbekannt. Bestenfalls übernahmen das die Anwohner. Wer an dieser Straße wohnte, brauchte keinen Spielplatz. Langeweile kannten wir nicht.

Ein eigenes Fahrrad besaß ich damals noch nicht. Einige Nachbarkinder kamen aber bereits mit kleinen Rädchen daher. Und so lernte ich auf deren Rädern das Fahrradfahren. Mit 10 Jahren versuchte ich mich mit einem uralten klapprigen Rad, dass die ganze Zeit in Opas Scheune stand. Ein Damenrad mit 28 Zoll-Reifen, ohne Gangschaltung, jedoch mit Rücktritt und ohne wirkliche Handbremse. Die „Handbremse" konnte ich über einen Hebel, der am Lenker befestigt war, bedienen. Dadurch fuhr ein Gummiplättchen von oben auf das Profil des Reifens herab und versuchte zu bremsen. Mit dem Teil konnte ich wirklich nur auf gerader Strecke fahren. Ein vernünftiges Rad mit Dreigangschaltung bekam ich erst mit zwölf Jahren.

Beim Hockeyspielen legten wir vier Steine als Tore auf die Straße. Als Puck diente ein kleiner Ball. Hockeyschläger hatte Vater uns aus Dachlatten zusammengebaut. Manche Kinder nutzen einen Spazierstock. Und was immer ging, waren das „Stoppelholzkeilen (Stoppeln)" und mit Murmeln zu spielen. Alles nicht so perfekt, aber es machte in der Gemeinschaft tierischen Spaß.

Wenn Schnee lag, kamen natürlich auch die Schlitten und unser „Bob" zum Einsatz. Die „Rennbahn" begann etwas oberhalb unseres Hauses und führte bis zur tiefsten Stelle im „Loch". Sie hatte eine Länge von etwa 400 Metern. Wir besaßen einen Viererbob. Der hatte den Nachteil, dass er sehr schwer war, was beim Fahren eine gute Geschwindigkeit ergab. Allerdings musste das Teil anschließend auch wieder bergauf gezogen werden. Dazu brauchte es mindestens zwei Kinder. Die Nachbarkinder besaßen einen Zweierbob. Der war deutlich besser zu Händeln. Ein wendiges, leichtes Teil, schnell und auch schnell wieder oben.

Fuhren wir Schlitten, gab es ebenfalls mehrere Optionen. Mit dem Soloschlitten erzielten wir die höchste Geschwindigkeit, wenn wir bäuchlings auf dem Schlitten lagen. So machen es heute noch die Skeleton-Fahrer. Lenken konnten wir mit den Schuhspitzen. Man konnte allerdings auch zwei Schlitten zusammenbinden. Dann gab es die Variante, zu dritt oder zu viert auf den Schlitten zu sitzen oder zu zweit darauf zu liegen. Egal wie wir es machten: Es war ein Riesenspaß und nicht selten musste Mutter uns abends ins Haus holen, weil wir wieder kein Ende fanden.

Die alternative Bobbahn führte von oberhalb des Dorfes bis zur Dorfmitte. Dort war es zwar steiler, da dort aber kein Verkehr verlief, räumte man nicht. Daher war die Strecke oft in keinem guten Zustand, um eine gewisse Geschwindigkeit zu erreichen.

Wenn die Temperaturen in den Frostbereich rutschten, stauten wir den Krummbach auf. Der verlief etwa 70 Meter unterhalb unseres Hauses. Das Wasser lief dann die Wiesen hinunter in den Talgrund und gefror dort zu einer schönen großen Eisfläche, auf der wir Schlittschuh- oder Gleitschuh laufen sowie Eishockeyspielen konnten wie die Profis. Perfekte Bedingungen hatten wir uns da geschaffen. Und der Dorfmittelpunkt verlagerte sich mit einem Schlag zur Eisfläche.

Auch Skifahren gehörte zu unseren Lieblingssportarten im Winter. Die Skier konnten natürlich nicht mit den heutigen Hightech-Produkten mithalten. Besonders die variable Bindung hatte es in sich. Durch einfaches Einklinken konnten wir so einen Langlaufski zu einem Abfahrtski umfunktionieren. Gut, damit konnten wir zwar nur geradeaus fahren, aber das war egal.

In 1963 gehörte die Fernsehserie „Alarm in den Bergen" zu meinen Lieblingssendungen. Die Geschichten spielten wir gerne an den Nachmittagen auf dem Hang neben unserem Haus nach. Zum Thema Fernsehen kommen wir noch.

Oft spielten wir auch an der Grube Freudenzeche. Das Betreten des Grubengeländes war uns strengstens verboten. Denn in 1959 ereignete sich dort ein schreckliches Unglück. Ein sechsjähriger Junge stürzte ab und ertrank im Förderschacht. Der 120 m tiefe Schacht stand damals bis 12 m unter der Oberfläche voll Wasser. Das tragische dabei: Er kletterte über die Absperrung, stürzte auf eine morsche Bohle, durchbrach sie und fiel in den Schacht. Erst am nächsten Tag konnte er leider nur noch tot geborgen werden. Während dieser schrecklichen Tage stand das gesamte Dorf unter Schock. Ein furchtbares Unglück für die Familie.

In 1964 erfolgte der Rückbau des Förderturms. Die Tagesanlagen (oberirdische Betriebsanlagen) wurden zum Großteil abgebrochen. Für uns interessant war die Abraumhalde (Hall). Dort konnten wir nach Herzenslust spielen und unseren Abenteuern nachgehen.

Auch die „Hall" lag in der Nähe des Baches, was das Abenteuererlebnis noch steigerte.

Ein weiterer Freiluftspielplatz befand sich im nahegelegenen Fichtenwald. Das Beste daran: Die unmittelbare Nähe zur Bach. Wir schnitzten an den Fichten die Rinde ab und bauten uns daraus kleine Schiffchen. Die schwammen perfekt. Im Sommer stauten wir den Bach erneut an, damit ein kleiner Bereich zum Baden entstand. Das Wasser war kalt und im angestauten Bereich schmutzig, weil wir den Schlamm durch unser Spielen aufwühlten. Aber das machte nichts. Etwas weiter oben gab es ja genug sauberes Wasser. Der Kreativität waren also keine Grenzen gesetzt.

Ja, der Bach. Dort lebten in den 1960er Jahren noch Forellen. Auf die hatten wir schon die ganze Zeit ein Auge geworfen. Allerdings war es strengstens verboten, dort einen Fisch zu fangen. Deshalb ging das nur an einem Platz, der durch Bäume oder Sträucher einen gewissen Sichtschutz bot. An diesen Stellen lagen wir gerne auf der Lauer. Langsam glitten unsere Hände unter die Böschung, um die Forellen aufzustöbern. Doch die Tiere hatten eine sehr glitschige Haut und es bedurfte schon des herzhaften Zupackens, damit der Fisch nicht wieder ausbüchste. Dazu musste man die Angst überwinden, denn das Tier hatte ja auch einen Mund zum Zubeißen. Doch eines Tages hatten wir es geschafft. Wir hielten eine zappelnde

Forelle in den Händen. Wer ihr das Leben aushauchte, weiß ich nicht mehr. Vor lauter Angst, erwischt zu werden, liefen wir im Laufschritt zu unserem Haus. Mutter schlug die Hände über dem Kopf zusammen, machte dann aber gleich den Vorschlag, dass sie die Forelle ausnehmen und für uns braten könnte. Das klappte auch prima und so kamen wir zu einer kleinen Zwischenmahlzeit am Nachmittag. Die hatten wir uns schließlich auch verdient.

Nicht so oft badeten wir im Löschteich. Eigentlich ein schöner Weiher etwa 20 Meter lang und etwa 15 Meter breit, in dem Löschwasser für den Ernstfall eines Brandes bereitgehalten wurde. Also fast wie ein echtes Schwimmbecken. Da mussten wir allerdings schon aufpassen, denn er hatte eine Tiefe von bis zu 2 Metern. Wer da nicht schwimmen konnte, hatte ein Problem. Das Baden dort war allerdings nicht gerade ein Vergnügen. Das Wasser war kalt und im Weiher tummelten sich ständig Blutegel. Da konnte es schon mal sein, dass sie sich beim Baden an der Haut festbissen. Dann zogen wir sie wieder raus und es ging weiter.

Manöver der Amerikaner

1955 setzte die Bundesregierung die Bundeswehr als eigenständige Armee der Bundesrepublik Deutschland ein. In den folgenden Jahren führten sie in bestimmten Abständen gemeinsame Manöver mit den Verbündeten durch. In unserer Region mit den Amerikanern. Die rückten nicht selten auch im Ort ein. Für uns ein wahnsinniges Schauspiel. Die älteren Bewohner, die den Krieg miterlebt hatten, begegneten diesem Ereignis eher skeptisch. Zu viele Erinnerungen schoben sich in ihren Köpfen nach vorne, hatten sie doch über Jahre versucht, das Kriegsgeschehen mehr oder weniger erfolgreich zu verdrängen.

Dann rollten die Amerikaner mit ihren Fahrzeugen und Panzern durch den Ort, machten einen Höllenlärm und beschädigten großflächig Straßen und Wege. Eine beunruhigende Kulisse, wenn die Kolonnen auftauchten. Die aufsitzenden Soldaten mit ihren Waffen, oft mit schwarzer Hautfarbe, übten eine weitere scheinbare Bedrohung aus. Aber es waren nette Kerle. Es sollte ja nur geübt werden. So gab es für uns Kinder immer wieder Schokolade oder andere Süßigkeiten. Es schien mir fast, als hätten sie in den Fahrzeugen einen gewissen Vorrat für die Kinder mitgebracht.

Einmal übernachteten die Amerikaner direkt vor unserem Haus. Die komplette Straße war dicht. Die Breite der Panzer überschritt sogar die Fahrbahnbreite. Um unsere neue Gartenmauer nicht zu beschädigen, fuhren sie halb hoch über die gegenüberliegende Böschung. Die war zwar anschließend komplett hin, doch unsere Mauer stand noch.

Parallel dazu nahm die Luftwaffe ihren Betrieb auf und flog Scheinangriffe auf alle möglichen Ziele. Besonders gerne nahmen sie den nahegelegenen Siegerlandflughafen mit der angrenzenden Kaserne ins Visier. Nicht selten durchbrachen die Starfighter-Kampfjets die Schallmauer mit einem donnernden Knall und flogen mit einer irren Geschwindigkeit in niedriger Höhe über das Dorf.

Diese Jets, auch die teilweise riesigen Fahrzeuge, Panzer, Raketenwerfer usw. übten doch einen gewissen Reiz auf mich aus. Technik war schon immer mein Ding. Und so verbrachte ich später meinen Wehrdienst bei der Luftwaffe.

Aber mir dämmerte: Krieg ist eine grausame Angelegenheit. Diese totbringenden Monster sind kein Spaß, wenn es ernst wird. Damals gehörten sie im Angesicht des kalten Krieges zum Leben dazu. Das Land wollte gemeinsam mit den Verbündeten wehrhaft und auf alle Eventualitäten gefasst sein.

In diese Zeit fiel auch ein besonderer Ausflug, nämlich zur Zonengrenze. Wohin genau, weiß ich nicht mehr. Nachdem die Russen 1961 Ost-Berlin durch die Mauer und danach die Innerdeutsche Grenze dichtgemacht hatten, war für mich die sogenannte Ostzone ein unbekannter und gefährlicher Ort. Denn dort herrschten die Russen. Die kannte ich nur von den Erzählungen der Kriegsheimkehrer.

Jeder Versuch, diese Grenze in Richtung BRD zu überqueren, endete ziemlich sicher im Gefängnis oder auf dem Friedhof. So war dieser Besuch der Zonengrenze ein besonderes Abenteuer.

Und nun standen wir mit unseren beiden Käfern etwa 300 Meter vor dieser Grenze. Näher trauten wir uns nicht heran. Das schien hier ein besonderer Platz zu sein, von dem aus man eine gute Sicht auf die Grenzanlagen und auch auf die Gegend hinter dem Zaun hatte. Denn es herrschte reger Betrieb an diesem Sonntag, aber nur auf dem Parkplatz. So nahmen wir unser Fernglas und inspizierten die Grenze und das Hinterland. Doch welche Enttäuschung: Statt kriegerischem Getümmel herrschte gähnende Langeweile an der Grenze. Ab und zu fuhr ein Jeep die Grenze ab. Mehr passierte dort nicht. Und das Hinterland: Die gleiche Gegend wie bei uns. Ansonsten total tote Hose. Ging ja auch nicht anders. Die Leute durften ja nicht in die Nähe der Grenze kommen.

So endete unser Besuch, ohne dass wir etwas Spektakuläres erlebt hätten. Ein wenig enttäuscht war ich da schon.

Unsere Spielsachen

Viele Spielsachen besaßen wir als Kinder zunächst nicht. Mein ganzer Stolz war eine (ganz) kleine elektrische Eisenbahn. Der Durchmesser der Bahn betrug etwa einen Meter. Aber sie fuhr – und zwar immer rund. Ohne Weichen und ohne sonstige Extras. Den Bahnhof hatte ich mir aus Legosteinen dazu gebaut. Da ging es bei meinen Cousins besser zu. Die hatten größere Eisenbahnen und vor allem, eine große Autorennbahn. Da war ich schon ein wenig neidisch. Allerdings standen all diese „Anlagen" nie sehr lange. Dazu nahmen sie zu viel Platz weg in den kleinen Häusern. Daher stand auch immer zeitnah der Rückbau an.

Später gehörte mein Interesse mehr und mehr den Legobausteinen sowie dem Märklin-Baukasten. Beide Systeme wuchsen mit der Zeit und nahmen so stetig an Masse und Komplexität zu.

Meine Eisenbahn.

Mit den Lego Bausteinen baute ich gerne unser Haus oder die Nachbarhäuser nach. Der Märklin Baukasten war jedoch deutlich anspruchsvoller. Damit konnte ich, nachdem er einen bestimmten Umfang erreicht hatte, Autos, Kräne, Lastwagen und sogar einige kleinere Maschinen zusammenbauen, die dann auch funktionierten. Mit diesem Baukasten ließ sich richtig gut und vor allem kreativ konstruieren und arbeiten. Beide Systeme erweiterten die Eltern, aber auch Onkel und Tanten, zu meinem Geburtstag oder auch zu Weihnachten, so dass dort ein stetiger Zuwachs an Material zu verzeichnen war. Das hatte vor allem den Vorteil, dass mein Zimmer nicht mit anderen Spielsachen zugemüllt wurde.

Bei den Lego Bausteinen gab es jedoch eines Tages einen herben Rückschlag. Mutter meinte, die Steine seien inzwischen sehr schmutzig und sie sollten mal gereinigt werden. Doch wie sollte sie das am besten anstellen? Sie entschied sich für die Heißwassermethode. Dazu schüttete sie alle Steine in eine Wanne, goss heißes Wasser darüber und mengte das Ganze mehrfach um. Danach ließ sie die Steine einweichen. Zum Schluss ein erneutes Umrühren und dann raus zum Trocknen. Doch da war es bereits zu spät. Die Steine hatten sich verzogen. Das Wasser war wohl zu heiß gewesen. Quasi ein Lego-Totalschaden. Da passte anschließend kaum noch was zusammen.

Heute aus der Entfernung kann ich sagen, dass besonders der Märklin-Baukasten meine Interessen und

Fähigkeiten nachhaltig geprägt hat. Das Thema Technik war für mich bei der Berufswahl gesetzt.

Inzentiv der Gemeinde

Da alle Wiesen und Äcker bearbeitet wurden, hatte die Gemeinde ein hohes Interesse am guten Zustand dieser Flächen. Störenfriede, wie Maulwürfe oder Wühlmäuse waren da nicht willkommen. Daher gab es in der Gemeinde folgende Regelung: Für jeden gefangenen Maulwurf oder zur Stecke gebrachte Wühlmaus gab es z.B. in den 1960er Jahren 10 Pfennig Fangprämie. Dazu fingen wir die Tiere mit einer Falle, schnitten ihnen das Schwänzchen ab und sammelten diese in einer Streichholzschachtel. Wenn mehrere Schwänzchen zusammengekommen waren, gingen wir zum Bürgermeister. Der zahlte uns dann die Fangprämie aus. Für die Jugend im Dorf bedeutete dies einen schönen Zugewinn. Gleichzeitig entstand dadurch ein gewisser Wettbewerb: Wer hat die meisten Maulwürfe und Wühlmäuse gefangen?

Das Fangen der Tiere gestaltete sich oft schwierig. Denn die Tiere waren schlau. Beim Fangen war es mit das Wichtigste, dass die Falle total abgedeckt war. Fiel auch nur ein kleiner Lichtstrahl in den Gang, witterten die Tiere sofort Gefahr und warfen die Falle zu. Beim täglichen Kontrollgang befand sich dann nur Erde in der Falle, aber kein Maulwurf. So war es ein ständiger Machtkampf, Mensch gegen Tier, der mal vom Tier und mal vom Mensch gewonnen wurde.

Als dann der Bürgermeister wechselte, warf er die abgeschnittenen Schwänze auf den Misthaufen neben dem Bürgermeisteramt. Schlaue Jugendliche holten sie dann abends wieder ab und brachten sie einige Tage später erneut dorthin. Manchmal bekamen sie wegen der hohen Fangquote auch noch ein Lob. Leider bemerkte er das irgendwann und diese lukrative Einnahmequelle versiegte.

Heute wäre ein solcher Anreiz aus Tier- und Artenschutzgründen undenkbar. Würde das passieren, stände das am nächsten Tag in der Zeitung, einen Tag später käme es im Fernsehen und danach bräche ein gewaltiger Shitstorm über die Gemeinde herein. So haben sich die Zeiten geändert.

Beim Friseur

Natürlich gab es in unserem kleinen Dorf keinen Friseur. Der hätte bei den etwa 600 Einwohnern keine Überlebenschance gehabt. Friseure traf man in Haiger oder auch im Nachbardorf an. Ein Ort mit Bahnanschluss und ca. 1200 Einwohnern Mitte der 1960er Jahre, quasi eine Großgemeinde. Dort waren die Menschen schon immer etwas vornehmer. Der dortige Friseur war auch später unsere erste Adresse, wenn's um eine gute Frisur ging. Die beiden Friseure in Haiger passten irgendwie nicht zu uns. Wir kamen halt vom Dorf.

Als Kind schnitt Mutter uns die Haare. So ab sechs Jahren ging sie mit uns zum „Trinebetz Reinhold" im Dorf. Der schnitt Kindern und auch älteren Männern die Haare. Er hatte ein kleines Haarschneidegerät, das per Hand durch stetiges Drücken angetrieben wurde. Sein Schnitt brauchte auch keine besondere Ausbildung. Alles unterhalb der Ohren schnitt er ab, die darüber liegenden Haare kürzte er ein. Das sah dann aus, als hätte er einen Topf aufgesetzt und darunter alles abgeschnitten.

Die Jugendlichen etwa ab 12 Jahren ließen sich die Haare beim Friseur schneiden. Auch die Frauen gingen dort hin. Wobei die meisten Frauen einen „Dutt" trugen. Da brauchte es keinen Friseur. Erst später, als die Dauerwelle immer mehr in Mode kam, erfasste dieser Trend auch die Frauen im Dorf.

So ließ ich mir dort auch ab 12 Jahren die Haare schneiden. Ins Nachbardorf ging's entweder zu Fuß, mit dem Fahrrad oder wir fuhren mit Vater im Auto mit. Zu Fuß brauchten wir etwa eine dreiviertel Stunde und mit dem Fahrrad 20 Minuten. Der Haarschnitt für Männer kostete Mitte der 1960er Jahre etwa 80 Pfennig bis 1 DM.

Der Friseur kannte alles und jeden, tänzelte beim Schneiden um den Stuhl herum und hielt in der Regel

das Gespräch am Laufen. Dabei band er die Wartenden geschickt in das Gespräch mit ein, so dass auch
mir in Wartestellung die Zeit interessant erschien.
Das beherrschte er perfekt. Er wusste eben, was jeden
so interessierte und was die Region sowie die Haupt-
stadt Bonn gerade bewegte.

Die Frauen frisierte seine Frau. Dort hieß es in der
Regel länger warten. Denn natürlich dauerte der Fri-
siervorgang entsprechend länger. Das hat sich bis
heute nicht geändert. Nur konnte Mutter damals noch
keine Termine buchen. Ein Telefon hatten wir ja nicht.

Opa Emil hatte eine vollrasierte Glatze. Von Zeit zu
Zeit bedurfte auch er eines Haarschnitts. Das erle-
digte Oma. Im Sommer bauten sie vor dem Haus die
Schneidestation auf. Opa saß auf einem Stuhl und
war mit Handtüchern abgedeckt. Oma rasierte ihn
quasi. Nicht selten geriet dieser Haarschnitt zu einem
kleinen Event, denn die Bank vor dem Haus füllte
sich an solchen Tagen sehr schnell mit den Nachbarn,
meist mit Frauen. Kamen noch weitere Nachbarn
hinzu, nahmen sie auf der Treppe Platz. Dann kam
man sich vor wie beim Friseur. Es gab viel zu bereden
und am Ende hatte Oma Opas Glatze frisch poliert.
Spätestens wenn die Fütterung des Viehs anstand,
war die Party beendet.

Neue Welt: Telefon, Radio und Fernsehen

Vor dem Krieg zog der Gemeindediener durchs Dorf und verlas die Bekanntmachungen der Gemeinde. Dieser Mann hatte allerdings neben seiner Tätigkeit als „Informant" noch andere Pflichten. Flurschütz, Nachtwächter, Polizeidiener und manchmal sogar Küster. Zum letzten Mal brachte er 1976 die Nachrichten vors Haus. Überhaupt tauschten die Menschen die neuesten Nachrichten am Backhaus oder nach dem Kirchgang aus. Neben dem Backhaus stand das sogenannte Spritzenhaus der Feuerwehr. Ein kleines Häuschen. Dort lagerten die Feuerspritze und die kürzeren Utensilien der Feuerwehr. Die Feuerspritze zog im Brandfall ein Traktor aus dem Dorf. Wichtig: Am Tor des Spritzenhauses befand sich ein Kasten. Dort informierte die Gemeinde ihre Bewohner zu wichtigen Ereignissen und Terminen.

Eine weitere Informationsquelle war die Dill-Zeitung, die seit 1839 verfügbar war. Natürlich lief auch vieles über Briefe. Die Poststation befand sich damals noch im Ort. Jeden Tag zog der „Postonkel" mit seinem kleinen Postwagen durchs Dorf und verteilte die Post. Später übernahm das seine Tochter.

Als ich etwa 13 Jahre alt war, spielten wir ihm einen Streich. Dazu hatten wir schon seit längerem einen Plan ausgeheckt, der mit der Zeit immer konkretere

Formen annahm. Neben der Schule hatte die Gemeinde einen Bolzplatz errichtet. Dazu gehörte auch eine Sprunggrube, die mit Sand gefüllt war. Eines Abends, es dämmerte schon leicht, holten wir den Postkarren hinter seinem Haus und schoben ihn zur Grube. Im Sand klaffte bereits ein entsprechend großes Loch. Dort versenkten wir den Karren und schaufelten das Loch wieder zu. Der Karren war weg. Als der Postonkel am kommenden Tag die Karre nehmen und mit der Post beladen wollte, war sie unauffindbar. Die Kommunikation im Dorf war nachhaltig gestört. Wir waren zufrieden!

Die Schule und der Bolzplatz lagen am Rand des Dorfes. Normalerweise wurde man dort nicht gesehen, schon gar nicht, wenn es dämmerte. Doch irgendjemand hatte uns gesehen und beim Postonkel „verpfiffen". So kam es, wie es kommen musste: Wir mussten die Karre wieder ausgraben, komplett reinigen und ich erhielt zu Hause eine entsprechende Ansage. Dazu mussten wir auch noch beim neuen Bürgermeister vorstellig werden. Denn Opa hatte vor einigen Monaten das Amt abgegeben. Trotzdem: Eine gelungene Aktion, waren wir doch jetzt im Dorf das Gesprächsthema Nummer Eins! Wobei die Älteren das eher schmunzelnd betrachteten. Hatten sie doch selbst in ihrer Jugend so manchen Streich gespielt.

Telefonieren konnten wir zunächst nur in der Post oder im Bürgermeisteramt, später in einer Telefonzelle in der Dorfmitte. Auch Opa Ewald besaß als Bürgermeister zu Hause einen eigenen Anschluss.

Aber immerhin waren wir im Notfall reaktionsfähig. Auch wenn es vergleichsweise lange dauerte, bis man die richtige Stelle am Apparat hatte und die Hilfe vor Ort in Form des Arztes oder des Krankenwagens ankam. Die Telefonzelle stand noch bis in die 1990er Jahre in der Dorfmitte, obwohl inzwischen alle Haushalte einen eigenen Telefonanschluss besaßen. Unser erstes Telefon ist auf Mitte der 1970er Jahre datiert.

Ich weiß nicht mehr, wann wir den ersten Fernseher anschafften? Es muss so Anfang der 1960er Jahre gewesen sein. Damals besaß bei Leibe nicht jede Familie einen Fernseher. Wenn wir etwas gucken wollten, gingen wir zu meiner Tante. Ihre Familie wohnte gegenüber und besaß damals schon ein Gerät. Überhaupt gehörten sie zum Fortschritt. Denn sie hatten auch einen der ersten Farbfernseher im Dorf. Das war in 1972 zur Olympiade in München.

Unser Fernseher kam, wie alle Geräte zur damaligen Zeit, mit einem schwarz-weiß-Bildschirm und unscharfem Bild daher. Aber egal. Hier begann jetzt etwas ganz Neues für uns. Drei Programme: ARD, ZDF und Hessen regional. Und die zeigten bis zum Nachmittag das Testbild. Wenn in der Nacht das Programm endete, verabschiedete eine Ansagerin die

Zuschauer, sie spielten die Nationalhymne und danach zeigten sie wieder das Testbild.

Dazwischen liefen allerdings schöne Sendungen, wie z.B. Fury, Lassie, Flipper und später Bonanza. Um 18:50 Uhr kam das Sandmännchen. Danach war für uns Kinder Sendeschluss. Gegen 20 Uhr rückte dann Opa Emil an und schaute mit Vater die Tagesschau. Dieser Termin war für ihn gesetzt. Außer am Donnerstag-Abend. Da ging er mit Oma in die Gebetsstunde der Gemeinde. Das war ihm dann doch wichtiger, als die Nachrichten zu schauen.

Vor jeder Sendung blendeten sie eine Fernsehansagerin ein, die mitteilte, was als nächstes im Programm lief und um was es dabei ging. Das waren damals sehr berühmte Menschen.

Doch bevor der Fernseher ein Bild produzierte, musste erst einmal die Antenne auf dem Dach montiert werden. Das machte ein Dachdecker. Der war schwindelfrei. Danach verlegte Vater das Antennenkabel außen am Haus entlang und anschließend durch eine Bohrung ins Wohnzimmer. Nicht besonders schön, aber es klappte. Jetzt bedurfte nur noch die Antenne der Ausrichtung. Das übernahm wieder der Dachdecker. Als auch diese Hürde genommen war, wartete das erste eigene Fernseherlebnis auf uns.

Die Familie von einem meiner Freunde besaß keinen Fernseher. Die Eltern waren auch strikt dagegen, dass die Kinder sich das alles anschauten, wie sie sagten. So kam er immer öfter zu uns zum „spielen", das war der offizielle Sprachgebrauch den Eltern gegenüber. Allerdings schöpften seine Eltern irgendwann Verdacht ob der vielen Zeit, die er bei uns verbrachte. Denn blöderweise fiel auf, dass wir gerade am Nachmittag gar nicht mehr so oft draußen spielten, sondern öfters auch mal drinnen. So passierte es eines Tages, dass sein Vater bei uns vor der Türe stand und seinen Sohn beim Fernsehen erwischte. Er bekam eine Ohrfeige die sich gewaschen hatte und es gab ein riesiges Donnerwetter. Anschließend trocknete die Spur zu unserem Haus weitestgehend aus. Das war's dann mit der Freundschaft.

Mein erstes eigenes Radio schenkten mir meine Eltern, als ich 12 Jahre alt war. Ein kleines Taschenradio, auf dem ich Mittelwelle und Kurzwelle empfangen konnte. Damals besonders beliebt: Radio Luxemburg. Mit Abstand der beste Sender in den 1960ern. Montags lief die Hitparade mit Camillo. Auch interessant: AFN, der amerikanische Soldatensender sowie einige Piratensender, die von Schiffen aus sendeten, wie z.B. Radio Verona. Dort spielten sie die neuesten Hits aus England und Amerika. Auch damals schon auf Sendung: Das Wunschkonzert, ebenfalls mit Camillo. Ja, das Leben veränderte sich gerade sehr.

Da Mutter diese „Krawallmusik" nicht hören wollte, zog ich mich ins Wohnzimmer zurück. Mein Platz war bei der Nähmaschine vor dem Fenster. Dort hatte ich den besten Empfang. Im Winter herrschten dort allerdings keine angenehmen Temperaturen. Schließlich heizten wir nicht, wenn dort keine Nutzung anstand. Und Radio hören war keine Nutzung. Ich hätte natürlich auch in mein Zimmer gehen können. Doch dort war es genauso kalt und der Empfang schlechter. Dieses kleine Radio hat mich lange begleitet. Erst als ich mit 14 Jahren konfirmiert wurde, schenkten mir meine Eltern ein richtiges Kofferradio der Marke Neckermann mit UKW. Das war mal was Genaues!

Und dann ging 1965 der Beat-Club auf Sendung. Die ultimative Sendung, die ich auf keinen Fall verpassen wollte. Es war die erste Musiksendung für Jugendliche im deutschen Fernsehen, in der Stars ihre großen Hits vorstellten, meistens sogar live gespielt. Einmal im Monat, an einem Samstag, ging die Sendung live in den Äther. Ab dem 31. Januar 1970 auch in Farbe. Unvergessen Uschi Nerke als Moderatorin. Zwischenzeitlich wurde die Sendezeit von 30 Minuten auf 60 Minuten ausgedehnt [2]. Passend, denn der Beat-Club setzte auf die neuesten Musiktrends aus England. Immer die neuesten Bands, wie z.B. The Who, Jimi Hendrix, später auch Cream, Chicago usw. Spätestens jetzt war der Beat-Club meine liebste Sendung und hat meinen Musikgeschmack nachhaltig geprägt. Als die Sendung dann 1972 eingestellt wurde, fehlte etwas in meinem Leben.

Technische Revolution im Haushalt

Im Laufe der 1960er Jahren veränderten sich Mutters Tätigkeiten im Haushalt grundlegend. Viele neue Technologien halfen der Hausfrau mehr und mehr bei der Arbeit. Der Gasherd machte da nur den Anfang. Die nach und nach aufkommenden Elektroherde boten noch mehr Komfort. Denn das Wechseln der Gasflasche konnte entfallen. Zudem ging die Gefahr durch eine eventuelle Gasexplosion auf NULL zurück. In der Werbung hieß es damals (Buderus):

Er ist bei Tisch zufrieden.
Sie ist am Herd vergnügt.
Und das hat seine Gründe:
Sie kocht mit Freude und darum gut!
So soll es sein:
Zufriedenheit durch gutes Essen.
Gutes Essen durch einen guten Herd.
Darum ist der Buderus Herd so begehrt!

Noch stärker waren die Veränderungen im Bereich des Wäschewaschens. Die vollautomatische Waschmaschine machte die vielen Handgriffe einfach überflüssig. Dauerte der Waschvorgang bis dahin noch bis zu zwei Tagen, war das Ganze nun innerhalb von zwei Stunden erledigt. Dabei übernahm die Maschine auch noch die Hauptarbeit. Lediglich das Auf- und Abhängen, das Bügeln sowie die Wäsche im Schrank verstauen blieb übrig. Das ist ja bis heute nicht wesentlich anders geworden.

Auch das Konservieren der Speisen wurde revolutioniert. Kühlschränke und Kühltruhen übernahmen das für die Hausfrau. Was bis dahin im dunklen Keller kühl eingelagert war, konnte jetzt bequem in der Küche im Kühlschrank oder der Kühltruhe untergebracht werden. Der einzige Nachteil: Die Energiekosten stiegen drastisch an. Denn all diese Maschinen verlangten elektrische Energie und zusätzlich Wasser bei der Waschmaschine.

Das machte aber nichts. Denn im Verhältnis zum Nutzen waren diese Kosten überschaubar. Und so traten diese Geräte in den 1960er Jahren einen beispiellosen Siegeszug durch die Häuser an.

Unser erster Familienurlaub

Es muss Mitte der 1960er Jahre gewesen sein, als wir als Familie den ersten und auch einzigen gemeinsamen Urlaub erlebten. Wir fuhren für 10 Tage nach Forbach in den Schwarzwald. Dort quartierten wir uns in einem Haus ein, in dem Vaters Arbeitgeber ein bestimmtes Kontingent zu günstigen Preisen vorhielt. Ein kleines Haus mit vielleicht 15 Gästen. Wir hatten quasi Familienanschluss, weil zur Gastfamilie zwei Jungen etwa in unserem Alter gehörten.

Die Beiden kannten natürlich die Gegend sehr gut und so waren wir eigentlich nur mit diesen Jungs unterwegs. Das war für uns Kinder deutlich attraktiver, als mit den Eltern spazieren zu gehen. Ich kann mich noch daran erinnern, dass ich dort zum ersten Mal eine Kreuzotter gesehen habe und furchtbare Angst hatte, gebissen zu werden. Denn bekanntlich sind diese Tiere ja giftig.

Im Quartier wohnten ausnahmslos Mitarbeiter von Vaters Arbeitgeber, auch welche aus Opas Werk. Zwei Frauen mittleren Alters und ledig. Die eine war die Sekretärin des Werkleiters. Mit ihr freundeten Vater und Mutter sich an. Nach dem Urlaub besuchte sie uns in unregelmäßigen Abständen. Ich glaube, wir Kinder waren ihr doch etwas ans Herz gewachsen.

Es sollte der einzige gemeinsame Urlaub der Familie bleiben. Das war einfach zu teuer. Und vor allem: Während des Urlaubs war relativ viel Geld in sehr kurzer Zeit weg. Das passte nicht zur Lebensphilosophie der Eltern. Sie waren sparsam, aber nie geizig. Sie wollten das Geld lieber für eine gute Ausbildung der Kinder einsetzen. Und so machten sie es dann auch.

Konfirmandenunterricht und Konfirmation

1966 startete für mich der Konfirmandenunterricht. Im ersten Jahr jede Woche eine Einheit nachmittags um 14 Uhr im Gemeindehaus der Kirche zu Haiger. Im zweiten Jahr eine Stunde später. Die Einheiten leitete der Pfarrer.

So zogen wir zu acht, wie alle bisherigen Konfirmanden, zu Fuß los, um pünktlich in Haiger zu sein. Eine Stunde Fußmarsch. Zurück fuhren wir im zweiten Jahr mit dem 17 Uhr-Bus. Im ersten Jahr marschierten wir zu Fuß zurück. Bei schönem Wetter benutzten wir auch schon mal das Rad.

Die Strecke nach Haiger ging fast immer bergab. Schließlich liegt Haiger etwa 80 Meter niedriger als unser Ort. Doch zurück mussten die 80 Meter wieder zurückerobert werden. Bei einem Dreigang-Fahrrad, das eigentlich nicht so recht zur Körpergröße passte, nicht wirklich spaßig. So fuhren wir über die Landstraße bis zur Großbaustelle der Autobahn A45 von Dortmund nach Gießen. Es gab zwar Feldwege, die waren aber durch die Baustelle alle gekappt und endeten am Bauzaun. Genau an der Stelle, wo wir endlich von der Landstraße auf einen Feldweg übergehen konnten, bauten sie die riesige Dilltalbrücke Haiger. 810 Meter spannten sich über den Talgrund. Sie stand auf V-Stützen, eine damals sehr gewagte Konstruktion. Diese Baustelle mussten wir queren, da half alles nichts. Eine gefährliche Sache, denn es konnte immer mal etwas herunterfallen oder die riesigen Baumaschinen standen im Weg.

In Haiger traf ich einige meiner früheren Schulkameraden wieder, mit denen ich ein halbes Jahr in der Realschule verbracht hatte. Die Haigerer sahen damals doch eher von „oben" auf uns herab. So antworteten sie auf die Frage: Wo kommt ihr denn her? »Steinbach? Wo liegt das denn? « oder »ach ja, das Dorf da hinten im Loch«. Wahrscheinlich hatten sie das Dorf tatsächlich noch nie von innen gesehen. Sie wohnten ja schließlich in der Stadt.

Jeden Sonntag während der Konfirmandenzeit war der Gottesdienstbesuch angesagt. Die Teilnahme bescheinigte der Pfarrer oder ein Kirchenvorstand. In der Kirche saßen die Männer oben, die Frauen unten. Das ist heute noch so. Manchmal fragte der Pfarrer in der Konfirmandenstunde die Predigt ab. Schlafen oder geistige Abwesenheit kamen so wie ein Bumerang zurück.

Als wir das erste Jahr hinter uns gebracht hatten, schauten wir uns die Konfirmation des Konfirmandenjahrgangs vor uns an. Die Veranstaltung bestand aus zwei aufeinanderfolgenden Gottesdiensten in der Stadtkirche zu Haiger: Der sogenannten „Prüfung" und der Konfirmation. Die Prüfung war das Kritische. Hier fragte der Pfarrer die wesentlichen Inhalte des Unterrichtes ab, wie die Thesen des Katechismus' Martin Luthers, einige wichtige Psalmen und auch das Gottesverständnis. Dabei schauten die Angehörigen genau hin. Wie oft hat sich unser Kind gemeldet? Konnte es richtige Aussagen machen, hat es klar gesprochen, so dass alle es verstehen konnten usw. Für das Ansehen der Familie ein wichtiger Tag. Dabei fiel mir auf, dass die Haigerer doch freier agierten, als wir Dorfkinder aus der Sackgasse.

Die eigentliche Konfirmation war dagegen harmlos. Hier wurden nur noch die einzelnen Konfirmanden gesegnet, erhielten die Konfirmationssprüche und danach ging's zum Fotografen.

Das alles sollte uns in einem Jahr auch blühen. Und so lernte ich all diese Texte, Verse und Aussagen des Katechismus auswendig, um sie bei Bedarf aufsagen zu können. Nun – es hat geklappt. Das war am 21.April 1968. Ich weiß nicht mehr, wie oft ich dran war oder mich gemeldet hatte. Die Eltern waren jedenfalls zufrieden.

Mein Konfirmationsspruch steht in 2. Korinther 5, 17: *Ist jemand in Christus, so ist er eine neue Kreatur; das Alte ist vergangen, siehe, Neues ist geworden!*

Auf dem Gruppenbild sind 37 Konfirmandinnen und Konfirmanden zu sehen. Alle in schwarz gekleidet. Auch mir hatten die Eltern einen Konfirmandenanzug gekauft. Dazu ein weißes Hemd und eine Fliege. Chic sah ich aus! Nach vielen Gratulationen und Glückwünschen noch an der Kirche fuhren wir zurück nach Hause. Vater hatte das Wohnzimmer ausgeräumt, so dass alle Gäste hineinpassten. Im Wesentlichen meine Großeltern, sowie meine Onkel und Tanten mit ihren Kindern, also meine Cousins.

Die Familie am Tag der Konfirmation.

Und da waren dann noch meine Patentante Marlu mit ihrem Mann aus Frankfurt. Sie hatten oben das Zimmer meines Bruders bezogen und schliefen dort ein paar Tage. Ein wichtiges Ziel für sie: Die ehemaligen Nachbarn, mit denen sie in der Nachkriegszeit gelebt hatten, noch einmal zu sehen und die gemeinsame Zeit mit ihnen zu teilen. Das waren im Gegensatz zu uns schon vornehme Leute aus der Großstadt.

Ich kann mich erinnern, dass wir einmal dort zu Besuch gewesen sind. Es schauert mich noch heute. Sie wohnten in einem zerbombten Viertel in einem fast fertigen wieder aufgebauten Haus. Wahrlich keine schöne Umgebung. Aber es war ihre Heimat. In Steinbach waren sie Fremde. Zur Konfirmation schenkten sie mir eine goldene Uhr. Eine Uhr, die ich nie getragen habe. Zuerst war sie zu wertvoll und danach fand ich sie als Jugendlicher nicht mehr passend zu meinem Alter.

Das Mittagessen kam aus Mutters eigener Herstellung, ebenso der Kuchen zum Nachmittagskaffee. Die Kuchen hatten jedoch nach altem Brauch ihre Schwester und ihre Schwägerinnen gebacken. Gegen Abend löste sich die Veranstaltung dann langsam auf. Doch damit war das Thema noch längst nicht beendet. Am darauffolgenden Montag hatten wir erneut Hochbetrieb im Haus. Viele Menschen aus dem Ort besuchten die Konfirmanden zum sog. Nachkaffee. Sie brachten mir Geschenke mit und so ergab es sich, dass Mutter und die Tanten an diesem Tag noch einmal im Vollzeitmodus ranmussten.

Am Dienstag räumten wir das Wohnzimmer wieder zurück in den Normalzustand. Es kehrte wieder Ruhe ein. Jetzt war ich schon halb erwachsen.

Das teilweise Ende unserer Landwirtschaft

In 1967 läutete die Großfamilie den Anfang vom Ende unserer Landwirtschaft ein. Alle noch vorhandenen Kühe wurden verkauft. Es passte irgendwie nicht mehr in die Zeit. Der Traktor, die gestiegenen Einkommen sowie die sich stetig verbessernde Versorgungslage machten diese Tiere überflüssig. Butter und Milch gab es inzwischen zu bezahlbaren Preisen in den Geschäften. Die Gülle für die Düngung der Wiesen brauchten wir nicht mehr. Der Mist für den Kartoffelacker wäre gut gewesen. »Dann holen wir uns halt einen Wagen voll bei denen, die genug davon haben und eh nicht wissen, wohin damit«, war die neue Devise. Nicht nur bei uns. Zum damaligen Zeitpunkt hatten bereits über die Hälfte der Familien die Landwirtschaft dichtgemacht.

Hinzu kam, dass inzwischen 22 Jahre Frieden im Land herrschten. Für die beiden Generationen vor mir eine unbekannte, jedoch eine sehr beruhigende Dekade ihres Lebens. Da waren zwar die Bedrohungen durch den kalten Krieg, die Kubakrise und was in 1963 zu großer Unsicherheit führte, der Mord an John F. Kennedy am 23. November des Jahres. Damals sagte Opa: »Jetzt gibt es Krieg«, weil sie zunächst dachten, die Russen hätten die Finger im Spiel gehabt. Die Lage beruhigte sich danach schnell wieder. Diese beiden Faktoren, steigende Einkommen und äußere Sicherheit in Friedenzeiten, hatten diese Entscheidung abgesichert. Doch ganz ohne „Sicherungsgurt" wollten sie dann doch nicht weitermachen. Es blieben bis auf Weiteres das Schwein und die Hühner.

Diese Entscheidung zog weitgreifende Veränderungen nach sich. Denn viele Tätigkeiten aus dem Jahreskreislauf entfielen nun plötzlich. Die komplette Heuernte, die Getreideaussaat und die Getreideernte, die „Wartung" der Wiesen in Form der Düngung sowie das Öffnen der Entwässerungsgräben. Auch die Maulwürfe und Wühlmäuse auf unseren Wiesen konnte aufatmen. Aber vor allem das tägliche Ausmisten des Kuhstalls, das Melken der Kühe und die Verarbeitung der Milch, alles Schnee von gestern. Plötzlich hatten wir sooo viel Zeit.

Spätestens jetzt war auch klar: Die Investition in die neue Scheune hatte sich als gigantische Fehlinvestition erwiesen. Jetzt verfügten wir über einen nahezu unendlichen überdachten Lagerplatz neben dem Haus. Investition und Nutzen standen nun in einem krassen Missverhältnis. Dort lagerte Vater zunächst das Holz für die Öfen.

Es blieben Pflug und Egge im Einsatz. Denn Kartoffeln wollten wir weiterhin einsetzen und ernten, nicht nur für uns, sondern auch wegen dem Schwein und den Hühnern. Und natürlich mussten wir auch weiter für den jährlichen Holzvorrat sorgen. Wie auch immer: Diese Maßnahme veränderte den Tagesablauf nachhaltig. Jetzt war viel mehr Luft zum Atmen.

Doch diese zusätzliche Zeit sollte mir nicht lange gewährt sein. Denn bereits mit 14 Jahren hatte ich die neun Schuljahre hinter mich gebracht und danach hieß es Ausbildung. Jeden Tag acht Stunden arbeiten. Damit waren die freien Nachmittage eh Geschichte.

In der Scheune stellten wir ein Jahr später eine Tischtennisplatte auf. Im Dorf hatte sich diese Sportart neben Fußball zum Trend gemausert. So trafen sich dort nachmittags und abends viele Jugendliche, Jungen wie Mädchen des Dorfes, um gegeneinander zu spielen. Dieser Platz gehörte neben der Dorfmitte zu den Hotspots im Dorf. Damals war ich 14 Jahre alt.

Die weitere Verwendung der Scheune: Dort parkte später mein erstes Auto, ein grüner VW-Käfer. Ich blieb also, was die Autos anging, zunächst in der Tradition der Familie. Als mein Bruder heiratete, bauten sie die Scheune komplett zu ihrem Wohnhaus um. So wurde dieses Gebäude, wenn auch viele Jahre später, einer vernünftigen Nutzung zugeführt.

Kurzschuljahre und neuntes Schuljahr

Die Kultusminister hatten entschieden, den Ein- und Ausschulungszeitraum von Ostern auf nach den Sommerferien zu verlegen. Das betraf bei mir das siebte und achte Schuljahr. Wie bereits geschrieben, erfolgte unsere Einschulung nach den Osterferien 1960. So wurden neben Hessen auch in Niedersachsen, Bremen, Nordrhein-Westfalen, Saarland, Schleswig-Holstein, Rheinland-Pfalz und Baden-Württemberg zwei Kurzschuljahre durchgeführt - vom 1. April bis 30. November 1966 und vom 1. Dezember 1966 bis 31. Juli 1967. In den übrigen Bundesländern hatte man sich für ein sogenanntes Langschuljahr entschieden. Zwei Lösungen, welche neben den Vorteilen die Nachteile des Föderalismus offenlegten.

Jetzt musste also der Stoff von zwei vollständigen Schuljahren in zwei kürzeren Schuljahren vermittelt werden. Und das in einem Klassenraum, in dem vier komplette Schuljahre untergebracht waren. Am Ende ein einziges Chaos. Doch auch das überstanden wir mit Geduld und der nötigen Gelassenheit.

Parallel dazu hatte man entschieden, die Anzahl der Schuljahre in der „Volksschule" von acht auf neun anzuheben. Das sollte in unserem Fall jedoch nicht mehr an der hiesigen Schule, sondern in der Schule im Nachbarort Allendorf passieren. Dort gab es eine große Schule mit wenigen Kindern und mehreren Lehrern. Auf diese Schule wurden wir nun losgelassen.

Unser Schuljahr kam als Erstes in den Genuss dieser Neuerung. Morgens holte uns sogar ein kleiner Bus ab und fuhr uns mittags wieder zurück. Was für eine Verbesserung. So eine Zuwendung hatten wir bis dahin noch nicht erlebt. Ein von staatlicher Seite eingesetzter Bus zur Schule. Bisher musste jeder sehen, wie er zu seiner Schule kam.

In diesem neunten Schuljahr zeigte sich dann das ganze Elend unserer „Gesamtschule" mit vier Schuljahren in einem Klasseraum. Vor allem zeigte sich, dass wir nicht viel konnten. Wir hinkten den Schülern in Allendorf deutlich hinterher. Was die alles drauf hatten. So kann ich im Rückblick nur meinen Dank an die Lehrer aussprechen, die uns mit viel Geduld gemeinsam mit den Allendorfer Schülern unterrichtet haben. Für uns eine schwere Zeit, die sich aber gelohnt hat. Das Bildungsniveau konnte in diesem Jahr doch etwas angehoben werden, was mir in den kommenden Jahren deutlich weiterhalf. Mich verwundert allerdings heute noch, dass das Zeugnis des neunten Schuljahrs besser ausfiel als das letzte Zeugnis in unserer Dorfschule. Ein Zeugnis ohne die Note ausreichend. Welch eine Steigerung.

Goldene Hochzeit der Großeltern

An meinem zweiten Tag im neunten Schuljahr gab es in unserer Familie ein besonderes Jubiläum. Meine Großeltern Opa Ewald und Oma Lina konnten ihre goldene Hochzeit feiern. Einen Saal, der eine größere Anzahl an Gästen aufnehmen konnte, gab es im Dorf nicht. Daher sollte die Feier im neuen Anbau der

Schule stattfinden, denn sie rechneten mit über 100 Gästen, darunter auch politische Prominenz, wie Landrat Dr. Rehrmann mit seiner Frau. Dazu hatte die Familie drei Tage eingeplant.

Der Plan sah vor, dass am ersten Tag der Aufbau erfolgte, am zweiten Tag die Feier stattfand und am dritten Tag der Raum wieder zurückgebaut wurde. So wurden die Sommerferien unter der Schirmherrschaft des Landrats einfach mal um drei Tage verlängert. Offiziell sollten die ausgefallenen Stunden natürlich schnellstmöglich nachholt werden. Ich bezweifle jedoch, dass das je passiert ist. So ging das damals. Unkompliziert und ohne Bürokratie. Den Kindern hat's nicht geschadet. An diesem Tag fingen wir gemeinsam an, den Saal herzurichten. Alle Männer der Familie hatten drei Tage Urlaub genommen. Die Tische holten wir aus der Kirche und dem Ver-

Das Jubiläumspaar Lina und Ewald Kring.

einshaus, die Stühle ebenso. Die reichten aber nicht. Am Ende war es ein Wirrwarr von Stühlen, die den Raum bevölkerten. Natürlich waren alle Tische mit weißen Damast-Tischdecken gedeckt, auf den Tischen standen Blumen und eine kleine Dekoration, sowie Tassen, Untertassen und Kuchentellern. Aber das Wichtigste: Im Abstand von etwa einem Meter zierten kleine Schälchen mit Zigarren und Zigaretten die Tische. Es wurde gequalmt bis zum Anschlag. Es kostete ja nichts.

Die Feier begann am nächsten Tag um 15 Uhr. Oma trug am Jubiläumstag ein neues schwarzes Kleid und hatte ihr Haar mit einem kleinen Lorbeerkranz geschmückt, Opa lief im besten dunklen Anzug auf.

Bevor es mit dem Kaffeetrinken losgehen konnte, wollten natürlich erst einmal alle Gäste dem Jubiläumspaar gratulieren. Sie erstickten danach förmlich in einem Blumenmeer. Im Anschluss sollten die Reden geschwungen werden. Zuerst begrüßte Opa Ewald die Gäste und gab einen kurzen Abriss über die gemeinsamen 50 Jahre. Wie sie 1917 mitten im ersten Weltkrieg geheiratet hatten, wie es nach dem Krieg weiterging, über der Geburt der Kinder in den Jahren nach 1920, die Zeit der Inflation, bis zum zweiten Weltkrieg, in dem sie einen Sohn verloren hatten. Er streifte das schreckliche Unglück ihres Schwiegersohns und zeigte sich dennoch dankbar ob der Zeiten, in denen sie gerade leben durften. Für ihn waren diese gemeinsamen 50 Jahre ein Geschenk Gottes aus Gottes Gnade.

Landrat Dr. Rehrmann hob besonders die Zeit als Bürgermeister hervor und dankte Oma Lina, dass sie ihm so stark den Rücken freigehalten hatte. Weitere Redner schlossen sich an, wie ein Mitglied der Gemeindevertretung, der Feuerwehrkommandant und der Pastor.

V.L.: Vater, Oma Lina, Opa Ewald, Landrat Dr. Rehrmann mit seiner Frau.

Nun konnte endlich das Kaffeetrinken beginnen. Jeder Kuchen war selbst gebacken. Ein Tortenmeer ergoss sich über die Tische und das Serviceteam in Form der Tochter und Schwiegertöchter, unterstützt von weiteren Verwandten, übernahm die Bewirtung. Das Abendessen hatte eine Frau aus dem Nachbardorf gekocht. Natürlich auch wieder mit Unterstützung des Serviceteams. Doch bevor gekocht werden konnte, musste erst einmal die erforderliche Infrastruktur in die Schule geschafft werden. Drei Gasherde hatten sie herbeigeschafft und im Keller eine provisorische Küche eingerichtet. Darunter auch unser Gasherd. Die Frauen der Familie hatten an diesem Tag definitiv keine Feier, sondern nur viel Arbeit.

Am kommenden Tag erfolgte der Rückbau. Ich weiß nicht, wie lange sie gelüftet haben, um den Zigaretten- und Zigarrengeruch wieder aus dem Klassenzimmer zu bekommen. Ich bin sicher, als am nächsten Tag die Schule wieder losging, war die Luft noch längst nicht rein.

Ausbildungsvertrag

Was macht der Junge nach der Schule? Diese Frage drängte sich in 1968 unweigerlich in den Vordergrund. Macht er eine Ausbildung oder besucht er eine weiterführende Schule? Damals gab es zur Auswahl die Berufsfachschule in Dillenburg mit einer eher technischen Ausrichtung und die Handelsschule in Herborn. Lange gefragt wurde ich dazu nicht. Nach den Erfahrungen der Stippvisite in der Realschule hätte ich auch gegen die weiterführende Schule votiert. Also ging der Trend zu einer Ausbildung. Aber welche und wo? Mein Zeugnis aus dem neunten Schuljahr half da auch nicht weiter. Es glänzte ja nur mit durchschnittlichen Noten.

Vater sprach also mit verschiedenen Menschen, die sich irgendwie auskannten und am besten auch noch Einfluss hatten. Auch Opa Emil wurde aktiv. So hieß es eines Tages: Wir haben übermorgen einen Termin bei einer Maschinenbaufirma in Haiger zu einem Vorstellungsgespräch. Die suchen einen Lehrling zum Technischen Zeichner. Technischer Zeichner? Was war das und was musste man da machen? Ich hatte keine Ahnung. Nur so viel wusste ich bis zu unserem Gespräch: Die bauen Schweißmaschinen und die Technischen Zeichner zeichnen diese Maschinen und Maschinenteile, die anschließend danach gefertigt werden.

Vater und ich waren pünktlich vor Ort. Das Gespräch führten wir in der Lobby der Firma mit dem Leiter des Technischen Büros. Er war Mitte Dreißig und kam in einem weißen Kittel, weißen Hemd und Krawatte aus dem Fahrstuhl des Verwaltungsgebäudes. Was für ein Anblick. Fast wie ein Arzt sah er aus. Das Gespräch dauerte vielleicht eine halbe Stunde. Nach dem Gespräch hatte ich eine Lehrstelle zum Technischen Zeichner. Das fühlte sich jetzt doch irgendwie gut an. Ein Bürojob mit technischen Inhalten. Das war doch mein Ding.

Zwei Wochen später flatterte der Lehrvertrag ins Haus. Die Ausbildung begann am 1. August 1968. Ich war damals 14 Jahre alt. Da ich nur einen Volksschulabschluss besaß, dauerte die Ausbildung 3 ½ Jahre, also bis zum 31.1.1972.

Hier einige interessante Passagen aus diesem Vertrag:

- *Die wöchentliche Arbeitszeit beträgt 40 Stunden.*
- *Der Lehrbetrieb verpflichtet sich, den Lehrling zu anständigem Verhalten und Arbeitsamkeit zu erziehen…*
- *Der Lehrling hat seinen Vorgesetzten Gehorsam und Achtung zu erweisen…*
- *Der gesetzliche Vertreter ist verpflichtet, den Lehrling zu Aufmerksamkeit, Treue und gesitteter Lebensführung anzuhalten…*
- *Die Ausbildungsbeihilfe beträgt im*
  1. Lehrjahr   97 DM
  2. Lehrjahr   119 DM
  3. Lehrjahr   141 DM
  4. Lehrjahr   173 DM
- *Der Anspruch auf Urlaub beträgt 15 Tage.*
- *Messwerkzeuge und Berufskleidung sind vom Lehrling anzuschaffen.*

Tja! Lehrjahre sind eben keine Herrenjahre, hieß es damals.

In der Rückschau muss ich eingestehen, dass die Firma mit mir doch ein gewisses Risiko einging. Denn das eingeschränkte Schulwissen forderte mich in der Berufsschule gerade am Anfang doch sehr heraus. Ich erreichte im ersten Jahr geradeso die Ziellinie. Die Leistungen wurden in den weiteren Lehrjahren jedoch immer besser, so dass am Ende ein guter Berufsabschluss dabei herauskam.

Meine Eltern waren glücklich. Denn sie hatten es geschafft, dass der Junge zum einen was Ordentliches lernt und zum anderen nicht so eine schwere Arbeit verrichten muss. Die Kinder sollten es ja einmal besser haben!

Ausbildung – erstes Lehrjahr

Start in der Lehrwerkstatt

Mitte Juli teilte mir die Firma in einem Schreiben mit, dass ich die ersten drei Monate in der Lehrwerkstatt verbringen würde. Dazu sollte ich mich am Donnerstag, den 1. August 1968, um 6:30 Uhr am Empfang melden. Alles Weitere würde ich dort erfahren. Na super, dachte ich. Halb Sieben, fast noch mitten in der Nacht. Und wie soll ich um die Zeit zur Firma kommen? Der erste Bus fuhr ja erst um halb Sieben.

Da traf es sich gut, dass in unserer Straße ein Kollege wohnte, der in der Produktion der Firma arbeitete und ebenso um 6:30 Uhr Arbeitsbeginn hatte. Und der besaß ein Auto. Einen DKW F11 mit Zweitaktmotor. Er fuhr um 6:15 Uhr und war auch bereit, mich mitzunehmen. So stand ich pünktlich am verabredeten Platz. Dort wartete ein weiterer Kollege, der ebenfalls mitfuhr. Sie begleiteten mich bis zur Lehrwerkstatt, wo mit mir weitere acht Lehrlinge an diesem Tag ins Berufsleben starten sollten. In der Werkstatt standen etwa 15 Werkbänke mit einem Schraubstock und einige Schränke mit den benötigten Werkzeugen. In einer Ecke befand sich das Bürohäuschen des Ausbilders, der uns auch begrüßte. Wie sich herausstellte, ein „harter Hund". Dieser Ruf eilte ihm bereits voraus. So hatten mich einige Bekannte aus der Firma vor ihm gewarnt. Seine Spezialität: Wenn ein Lehrling nicht seinen Anweisungen folgte, zog er ihn an den Koteletten, dabei drehte er die Haare. Das tat weh.

Wir besichtigten zunächst die Lehrwerkstatt, in der teilweise auch die Lehrlinge der oberen Lehrjahre arbeiteten und danach den kompletten Betrieb. Das Büro und meinen eigentlichen Arbeitsplatz bekam ich zunächst nicht zu sehen. Im Laufe des Tages holte mich dann ein zukünftiger Kollege, der sich bereits im 3. Lehrjahr befand, ab und nahm mich kurz mit ins Bürogebäude, stellte mich dort den neuen Kollegen vor und danach war ich auch schon wieder in der Lehrwerkstatt.

Gut, dass ich damals noch nicht wusste, was mich dort in den kommenden drei Monaten erwarten sollte. Das war der pure Wahnsinn. Jeden Tag standen wir am Schraubstock und feilten Eisenstücke. Mal im rechten Winkel, mal in einem anderen Winkel. Den ganzen Tag feilen, feilen, feilen, bis sich Blasen an den Händen gebildet hatten. In bestimmten Abständen kam der Ausbilder und prüfte das Zwischenergebnis mit seinen „Lehren". Und irgendwas war immer schief oder nicht exakt gerade. Diese neu erlernten Fertigkeiten haben mir in meinem weiteren Leben in so mancher Herausforderung geholfen.

Bereits am zweiten Tag erfolgte die nächste Überraschung: Jeden Freitag mussten die Toiletten im Betrieb gesäubert werden. Das war seit jeher die Aufgabe des 1. Lehrjahrs und das sollte auch noch einige Jahre so bleiben. Die Toiletten befanden sich am Ende der vier Hallen unter der Erde. Keine Fenster, dafür aber viele unangenehme Gerüche. An diesem ersten Freitag gab es noch eine Anleitung der Kollegen aus dem 2. Lehrjahr. Die hatten jetzt ausgedient und wir waren dran. Alle Klos und Waschbecken saubermachen, Papierhandtücher und Toilettenpapier auffüllen und anschließend den Fußboden mit einer Lösung aus Wasser und Salmiakgeist desinfizieren. Danach noch den Fußboden abziehen und fertig. Gegen Mittag erfolgte die Abnahme durch den Ausbildungsleiter. Wenn er etwas fand, musste nachgearbeitet werden. Das zweite und dritte Lehrjahr durfte freitags die Hallen fegen.

Bereits nach diesen beiden Tagen hatte ich die Nase gestrichen voll. Aber aufgeben kam nicht in Frage. So kämpften wir uns gemeinsam durch die ersten Wochen und nach und nach lockerte der Ausbilder die Zügel, so dass es sogar langsam anfing Spaß zu machen.

Am 31. August dann der erste Zahltag. Ich erhielt mein erstes selbst verdientes Geld in einer echten Lohntüte. Etwa 75 DM, nachdem die Abzüge weg waren. Das holte ich mir an der Werkskasse ab. Wie war ich so stolz! Das meiste Geld zahlte ich auf mein Sparbuch ein. So sollte ich es jeden Monat machen. Meine Eltern nahmen von mir kein Kostgeld oder Miete. Das kannten wir nicht. So blieb das selbst verdiente Geld auch weitestgehend bei mir.

Berufsschule

Einmal in der Woche hatten wir eine Erholungspause. Wir besuchten die Berufsschule in Dillenburg. Eine Klasse mit etwa 25 Schülern aus allen Orten des Kreises und aus den unterschiedlichsten Firmen. Hier zeigte sich sehr schnell, welche Firmen sich den Lehrlingen so widmeten, dass sie die Ausbildung erfolgreich beenden konnten oder die Lehrlinge als „billige Arbeitskräfte" nutzten. Meine Firma gehörte zu den Guten.

Da stand ich vor dem nächsten Problem. Wie komme ich morgens bis um 8 Uhr zur Berufsschule und wie wieder nach Hause? Die Hinfahrt ging einfach. Ich fuhr mit meinem Kollegen bis zur Firma und von dort weiter mit dem Zug. Doch mittags zurück? Eine Katastrophe. Es blieb nur die Möglichkeit, mit dem Zug ins Nachbardorf zu fahren und von dort aus zu Fuß die zwei Kilometer über den Berg zu laufen. Dabei war ich nie alleine. Denn viele, die in Dillenburg zur Schule gingen, nahmen diesen Zug. Dann war ich so gegen 14:30 Uhr zu Hause und hatte den Nachmittag frei!

Bei mir zeigten sich doch sehr schnell Defizite in den mathematikbezogenen Fächern. Ich hatte Mühe, das alles zu verstehen und kam im ersten Lehrjahr gerade noch mal mit einem blauen Auge davon. Das brachte mir natürlich diverse Ansprachen ein, zu Hause und auch in der Firma. Ich gelobte Besserung.

Im Technischen Büro

Nach drei Monaten erfolgte dann endlich der Umzug ins Großraumbüro des Technischen Büros im dritten Stockwerk des Verwaltungsgebäudes. Eine herrliche Aussicht hatte man von dort über die Stadt. Wobei die besten Plätze an der Fensterfront mit Aussicht natürlich vergeben waren. Ich bekam einen Arbeitsplatz in der Mitte des Großraubüros mit einem eigenen Schreibtisch und einem Zeichenbrett, nicht ganz so groß, wie das der Profis. Das war auch nicht erforderlich, ich sollte ja nicht gleich eine Maschine konstruieren. Und es gab eine Überraschung: Meine Werkzeuge (Zirkel, Bleistifte, Tuschestifte usw.) musste ich nicht selber kaufen, wie es im Vertrag stand. Die lagen schon bereit.

Die Arbeitszeiten waren für mich deutlich angenehmer. Start um 7:30 Uhr, Frühstückspause von 9 bis 9:15 Uhr, Mittagspause von 12:30 Uhr bis 13:15 Uhr und Schluss um 16:30 Uhr. Ich konnte mit einem Kollegen mitfahren. Der arbeitete auch im Büro und wohnte in unserer Straße. Manchmal fuhr er mittags nach Hause. Dann konnte ich sogar etwas Warmes essen.

Im Büro arbeiteten fünf Kollegen aus unserem Ort. Das war nicht gut. Denn eines war sicher: Wenn hier etwas vorfiel oder ich einen Fehler machte, kam das mit Sicherheit zu Hause an. Bei all meinen späteren Arbeitgebern hatte ich das Glück, dass nie jemand aus dem Dorf in meinem Umkreis dort arbeitete.

Was mir auffiel: Alle trugen Kittel bei der Arbeit. Manche trugen weiße, andere graue Kittel. Zunächst dachte ich, dass müsse mit der Hierarchie zusammenhängen und die Kollegen mit weißen Kitteln seien die „Ranghöheren". Doch das war nicht so. Die mit den grauen Kitteln waren Kollegen, die es mehr mit der Praxis hielten. Denn wenn eine Maschine konstruiert war, musste sie mit der Fertigung besprochen werden. Oder es konnte sein, dass ein Anruf aus der Fertigung kam und den Kollegen in der Zeichnung etwas unklar schien oder sie vielleicht sogar einen Fehler entdeckt hatten. Dies musste dann natürlich sofort vor Ort geklärt werden. Denn die Maschinen mussten laufen. Und dabei konnte man sich auch schon mal schmutzig machen. Da war ein grauer Kittel deutlich praxistauglicher als ein weißer Kittel. Der Weiße war natürlich schicker und hatte auch immer was von einem Arzt. Die tragen ja auch immer weiße Kittel, aber immer offen. Das machte im Büro keinen Sinn. Ich entschied mich für die graue Variante.

In der Mittagspause dann die nächste Überraschung: Einige Kollegen machten einen Mittagschlaf. Neben dem Schreibtisch hatten sie eine große und fein gefaltete Pappe stehen. Die hatten sie sich aus einer Verpackung aus dem Werk zugeschnitten. Nachdem sie ihr Pausenbrot gegessen hatten, breiteten sie diese Pappe unter und vor dem Schreibtisch aus und legten sich hin. Sie machten einen Mittagschlaf. Ob das der Büroschlaf war, von dem so gerne gesprochen wird?

Allerdings hielt auch das Technische Büro einige Nebentätigkeiten für mich bereit, wie z.B. die Pausmaschine. Dort wurden die Zeichnungen der Konstrukteure vervielfältigt, gefaltet, gelocht und in Ordnern abgeheftet. Damit ging der Konstrukteur in den

Betrieb und besprach das Projekt mit dem Fertigungsleiter. Das Pausen war ab sofort meine Aufgabe. Der eigentliche Pausvorgang erfolgte in einer Maschine mit Salmiakgeistlösung. Auch das Nachfüllen war Aufgabe des „Stifts", wie man die Lehrlinge nannte. Ein beißender penetranter Geruch, der mir dabei in die Nase stieg. Die Kollegen meinten, das sei gut für eine freie Nase. Bei etwa zwanzig Konstrukteuren gab es kaum Tage, an denen kein größerer Pausauftrag abzuarbeiten war. Aber das war immer noch besser, als die Toiletten im Betrieb zu säubern.

Meine erste zeichnerische Aufgabe bestand darin, kleinere Teile aus einer Gesamtzeichnung herauszunehmen und für die Fertigung als Einzelteil darzustellen. Wie alle Kollegen zeichnete ich auf Pergamentpapier. Das gab es in allen Größen. Genaues maßstäbliches vorzeichnen mit einem Bleistift, danach alles checken lassen und am Ende mit dem Tuschestift ausziehen. Die Zeichnung mit der Normschriftschablone beschriften, dann noch den Namen und das Datum eintragen und fertig war's. Doch so einfach war das gar nicht. Erst einmal musste ich verstehen, was die Gesamtzeichnung darstellte. Ich sah ein Sammelsurium von Strichen und Zahlen sowie von Zeichen, dicken und dünnen Linien. Was sollte das sein? Dann fehlte mir das Gefühl für den Bleistift. Der brach öfters ab, weil ich viel zu fest aufdrückte. Am Ende war die Zeichnung verschmiert, weil ich

beim Ausziehen der Linien mit dem Tuschestift ge-
kleckert hatte. »Alles nicht so schlimm, das Gefühl be-
kommst Du schnell« meinten die Kollegen. Was auch
stimmte.

So ging es jeden Tag einen kleinen Schritt voran.
Ich lernte, die komplexen Zeichnungen zu lesen und
zu verstehen. Damit wuchsen auch die mir gestellten
Aufgaben. Es machte mir richtig Spaß. Das war tatsächlich mein Ding!

Zweites Lehrjahr

Ich hatte mich gut reingearbeitet, was das Zeichnen
anging. Jetzt durfte ich sogar schon einige kleinere
Projekte eigenständig umsetzen. Ich bekam ein größeres Zeichenbrett. Auch in der Berufsschule klappte es
zunehmend besser. Die Notensituation entspannte
sich nach und nach. Nicht, dass ich plötzlich zu einem
Musterschüler mutiert wäre, doch es gab keine kriti-
schen Fächer mehr. Ich lief mal wieder unter der Be-
notung „Durchschnitt“.

Mein Lehrlingskollege hatte noch ein halbes Jahr,
dann sollte er die Prüfung ablegen. Er machte in der
Freizeit Musik und hörte auch sehr gerne Musik, vor
allem progressive Musik, wie man die neu aufkommende Rockmusik damals nannte. Etwas schräg, laut
und auch schon mal mit komplizierten Rhythmen. Ei-

nes Tages wollte er mir einen kleinen Einblick in seinen Musikgeschmack geben und brachte seinen Plattenspieler mit. Dazu holte er in der Mittagspause drei Alben ins Büro. Das erste Album war von Blind Faith. Einer absoluten Kultband, die leider nur ein Album veröffentlicht hat. Eric Clapton (Guitar), Steve Winwood (Keybords), Ginger Baker (Drums) und Rick Greech (Bass). Diese Platte legte er nun auf. Während Steve Winwood den Refrain des Songs „Well all right" nicht gerade leise zum dritten Mal durchs Großraumbüro sang,

> *Well all right, well all right,*
> *You know we live and love with all our might.*
> *Well all right, well all right,*
> *You know our lifetime love will be all right,*

kam auch schon der Technische Leiter um die Ecke und regte sich fürchterlich über den Radau auf, den die beiden „Stifte" veranstalteten.

Die übrigen Songs von Blind Faith sowie die beiden anderen Platten hörten wir dann in aller Stille. Für den Kollegen war diese Zurechtweisung egal, denn er wollte nach der Ausbildung direkt zur Technikerschule umsiedeln. Das wäre auch für mich durchaus ein Plan gewesen. Doch es kam anders.

In 1969 kaufte ich meine erste eigene Langspielplatte. Abby Road von den Beatles zum Preis von 19 DM. Die hatte mir ein Lehrlingskollege aus Siegen mitgebracht. Eine LP, die ich heute noch sehr gerne höre. Danach erwarb ich Cricklewood Green von Ten Years After. Hier liebte ich die langen Gitarrensoli und je länger die Stücke waren, desto besser.

In diesem Jahr ging auch ein Philips-Tonband in meinen Besitz über. Jetzt fehlten nur noch entsprechende Boxen, um auch die benötigte Lautstärke zu erzielen. Die kaufte ich mir als Bausatz. Vater schnitt das Holz zu, ich baute sie zusammen und verkabelte sie. Danach war ich enttäuscht. Der Klang kam nicht wirklich gut, obwohl ich ein Markenprodukt gewählt hatte. Erst als ich zwei Jahre später einen Verstärker dazu nahm, kamen die Boxen in Fahrt. Das war den Eltern dann allerdings zu laut im Haus.

In diesem Jahr, am 16. Juli 1969, starteten die drei Astronauten Neil Armstrong, Edwin Aldrin und Michael Collins mit einer Saturn-V-Rakete vom Kennedy Space Center in Florida in Richtung Mond und erreichten am 19. Juli die vorgesehene Mondumlaufbahn. Während Collins im Kommandomodul des Raumschiffs Columbia zurückblieb, setzten Armstrong und Aldrin am nächsten Tag mit der Mondlandefähre Eagle auf dem Erdtrabanten auf. Wenige Stunden später betrat Armstrong als erster Mensch den Mond, kurz danach auch Aldrin. Nach einem knapp 22-stündigen Aufenthalt startete die Landefähre wieder von der Mondoberfläche und kehrte zum Kommandoschiff zurück. Mit Apollo 11 wurden auch erstmals Gesteinsproben von einem anderen Himmelskörper zur Erde geholt.

An diesen Tagen saßen wir gebannt vor dem Fernseher und waren jedes Mal neu enttäuscht. Abgehackte Bilder, meist war gar nichts zu sehen. Ab und zu „flog“ einer der Astronauten durchs Bild. Das war´s auch schon. Aber egal: Wir waren dabei gewesen, als der erste Mensch den Mond betrat.

DIE 1970ER JAHRE

Rasti

1970 trat ein neues Mitglied in die Familie ein - Rasti. Ein Mischling aus Dackel und Schäferhund. So sah er zumindest aus. Er gehörte zur Familie meiner Tante. Die wohnten ja bei uns gegenüber. Wir freundeten uns an. Wenn immer möglich, unternahm ich mit ihm Spaziergänge in den Wald. Er hörte einigermaßen auf mich. Wenn ein Geburtstag im Haus meiner Tante anstand, gab es in der Regel Kartoffelsalat mit Würstchen. Da konnte es passieren, dass im Salat schon mal ein Haar von Rasti auftauchte. Sie nahm die Situation dann locker und meinte, »das kommt daher, weil der Rasti den Kartoffelsalat vorher abgeschmeckt hat«.

Rasti begleitete uns bis 1976. Dann wurde er langsam verrückt, im wahrsten Sinne des Wortes. Meine beiden Cousins schliefen unter dem Dach. Diesen Platz verteidigte er am Ende so rabiat, dass außer den beiden niemand mehr diese Räume betreten konnte. Es gab keinen Ausweg mehr. Sie ließen ihn erschießen. Damals lag ich abends auf dem Bett und hörte einen Knall in der näheren Umgebung. Da war mir klar, was passiert sein musste. Und so war es auch.

Vater wechselt die Automarke

Seit 1956 fuhr Vater seinen VW-Käfer. Er hatte ihm und uns lange Jahre treu gedient. Jetzt (1970) sollte es ein etwas größeres Auto werden. Seine Gedanken gingen zur Marke Opel und innerhalb der Marke Opel zum Kadett B. Der war deutlich größer als der Käfer, vor allem hatte er im Innenraum mehr Platz für die größer werdenden Kinder. Und unter der Haube glänzte er mit mehr Leistung, nämlich mit 45 PS. Das merkte man direkt positiv bei der Beschleunigung. Der größte Vorteil war jedoch die Heizung. Bis beim Käfer warme Luft ankam, war man meist schon am Ziel. Und die Scheiben beschlugen quasi immer. Es sei denn, man stellte eines der kleinen Seitenfenster aus. Dann ging es besser. Allerdings schob man dadurch wieder einen Teil der warmen Luft nach draußen. Es war einfach ein Krampf.

All das war beim Kadett behoben. So dauerte es auch nicht mehr lange, bis das neue Auto auf dem Hof stand. Das war auch für mich eine wichtige Investition. Denn der Kadett sollte später in meinen Besitz übergehen. Was beide Autos verband: Sie rosteten gerne und schnell, vor allem im Bereich der Kotflügel und des Auspuffs.

Anbindung an die große Welt

1971 feierte die Region die Fertigstellung eines wichtigen Infrastrukturprojektes - die Einweihung der Sauerlandlinie A45. Diese Autobahn hatte das Ziel, eine zweite Verbindung zwischen dem Ruhrgebiet und Süddeutschland herzustellen. Es war die erste neu gebaute Autobahnstrecke nach dem Zweiten Weltkrieg, die nicht auf Reichsautobahn-Planungen zurückging.

Die A45 wird wegen ihrer Linienführung über die Berghöhen des Sauer- und Siegerlandes auch die Königin der Autobahnen genannt· Diese Linienführung machte den Bau zahlreicher Talbrücken nötig. Weitere Neuerungen im Vergleich zu den Autobahnen der 1930er Jahre waren ein geschwungenerer Trassenverlauf und das verstärkte Einrichten zusätzlicher Fahrspuren an Steigungsstrecken [2].

Diese Autobahn sollte unser Leben stark beeinflussen. Denn mit dieser Autobahn waren wir nun direkt an einige wichtige Zentren des Landes, wie das Rhein-Main-Gebiet, das Ruhrgebiet und auch die Region um Köln, angebunden. Diese Zentren konnten nun in etwas mehr als einer Stunde erreicht werden. Und das beste daran: Die nächste Auffahrt lag gerade mal fünf Kilometer vom Ort entfernt. Jetzt konnte es losgehen! Dass führte natürlich umgehend zu einigen Erkundungstouren nach Süden oder Norden, wobei die Autobahn damals noch gähnend leer war.

Berufsaufbauschule

Unser Klassenlehrer in der Berufsschule kam eines Tages, es muss Ende 1969 gewesen sein, auf mich zu und meinte, bei mir sei noch mehr drin, als nur die Ausbildung zum Technischen Zeichner. Interessiert hörte ich zu, als er mir vorschlug, doch auf dem 2. Bildungsweg, also parallel zur Ausbildung, die Fachschulreife zu erwerben. Dreieinhalb Jahre würde das dauern. Danach könnte ich in einem Jahr das Fachabitur erwerben und anschließend studieren, sofern ich das wollte.

Ein Studium, das klang verlockend. Doch bis dahin war es noch ein weiter Weg. Denn als er mir die Randbedingungen nannte, sank bei mir die Begeisterung schlagartig. Jeden Montag- und Freitag-Abend von 17 bis 20:15 Uhr sowie jeden Samstag von 8 bis 13 Uhr Schule. Und dass alles parallel zur Ausbildung. Das klang nach sehr viel Arbeit, Anstrengung und Hartnäckigkeit.

Meine Eltern waren von diesem Vorschlag auch nicht gerade begeistert. In diesem Fall habe ich mich zum ersten Mal zu Hause durchgesetzt und bin meinen eigenen Weg gegangen. Doch ohne die Hilfe der Eltern war auch das nicht möglich. Denn wie sollte ich abends nach 20 Uhr nach Hause kommen? Ab Dillenburg fuhr ein Zug um 20:30 Uhr in unsere Richtung. Den konnte ich nehmen. Vater oder Opa holten mich dann am Bahnhof des Nachbarortes ab, so dass ich gegen 21 Uhr zu Hause ankam. Für einen Jugendlichen mit 16 Jahren schon eine krasse Belastung.

Zum Glück hatten sie zu der Zeit die Landwirtschaft weiter zurückgefahren. So holten sie den Jungen an den Abenden und auch Samstag-Mittag vom Zug ab. Auch das haben die Eltern während dieser Zeit ohne Murren auf sich genommen und mich stetig unterstützt.

Ich meldete mich also an der Berufsaufbauschule an und fand mich am Montag, 9. Februar 1970, pünktlich um 17 Uhr in Dillenburg ein. Was für ein Getümmel erwartete mich da. 72 Schüler, die alle diesen Weg einschlagen wollten, aufgeteilt in drei Klassen. Im Klassenraum begrüßte uns der Klassenlehrer, ein Mann kurz vor der Rente. Vielen bereits bekannt aus der Berufsschule. Rechts neben mir saß ein Junge aus Übernthal, 13 Tage jünger als ich. Er machte eine Lehre in einem KFZ-Betrieb der Marke Mercedes. Wir beide haben diese dreieinhalb Jahre gemeinsam gestemmt. Für ihn war die Fahrt noch komplizierter als für mich. Zumindest hatten sie einen Bahnhof im Ort. Auch er war an den Tagen mit Unterricht sehr lange unterwegs und kam erst gegen 22 Uhr zu Hause an. Noch heute verbindet uns eine gute Freundschaft.

In der Pause gegen 18:30 Uhr gingen wir gerne zur Pommesbude um die Ecke. Da gab es die besten Pommes mit der besten Majosoße. Dachten wir zumindest. Wahrscheinlich lag es auch daran, weil es eine schöne Abwechslung an unseren langen Tagen bedeutete.

Wie oft war ich abends nach diesen langen Tagen komplett platt. Wie oft fiel es mir unendlich schwer, den Ausführungen der Lehrer zu folgen. Gerade bei meinen „Lieblingsfächern" Deutsch und Englisch. Die beiden Fächer haben mir solange ich denken kann, immer Probleme bereitet. Hier galt das Motto: Vier gewinnt! An eine bessere Note kann ich mich auch nur selten erinnern.

Nach zwei Jahren gab es für mich und auch für Vater eine einschneidende Verbesserung. Ich machte den Führerschein. Und ich bekam ein eigenes Auto. Das entspannte alles nachhaltig. Dazu später ein eigener Abschnitt.

Schauen wir auf das Ende: Von den 72 Schülern, die diesen Weg einschlugen, nahmen am Ende sieben an der Abschlussprüfung zur Fachschulreife teil. Alle anderen gaben unterwegs auf, sei es wegen der hohen Belastung oder auch, weil sie den Anforderungen nicht gewachsen waren. Hinzu kamen acht weitere Schüler, die mit der mittleren Reife zwei Jahre später in diese Schulform gewechselt hatten.

Die Prüfung hatte es noch mal in sich. Eine komplette Woche lang jeden Tag eine Prüfung in einem anderen Fach. Es schlossen sich noch einige mündliche Prüfungen an. Ich nahm mir zwei Wochen Urlaub. Eine Woche zur Vorbereitung und eine Woche für die Tests. Da war der Urlaub für das Jahr bis auf fünf Tage komplett verbraucht. Das war im Juni 1973. Ich war damals 19 Jahre alt.

Es sickerte jedoch schon vor der Prüfung durch, dass die „inoffizielle Prüfungsordnung" besagte, dass ein Schüler, der die Strapazen der dreieinhalb Jahre gemeistert hatte, bei dieser Prüfung nicht mehr durchfallen würde. Und es gab ein weiteres ungeschriebenes Gesetz: Wer diesen Weg weitergeht und noch das Jahr Fachoberschule dranhängt, der besteht mit großer Sicherheit auch die Prüfung zur Fachhochschulreife, die zum Studium berechtigt.

Vielleicht waren das auch alles nur Gerüchte. Wir hörten das hinter vorgehaltener Hand. Es hat sich aber bestätigt. Alle bestanden diese Prüfung.

So konnte ich dieses Kapitel am 25. Juni 1973 erfolgreich abschließen. Am Ende hat es mich dreieinhalb Jahre meiner Jugend gekostet. Eine Zeit, während der meine Freunde abends in die Disco fuhren oder andere Sachen gemeinsam unternahmen. Der eine oder andere hatte damals auch schon eine Freundin.

Es zeigte jedoch auch, dass es möglich ist, sich weiterzuentwickeln. Ich habe damals die Möglichkeiten genutzt. Das war am Ende eine total anstrengende und belastende Zeit. Doch in der Rückschau kann ich nur sagen: Es hat sich gelohnt.

Soweit ich die Kontakte noch habe, haben alle, die mit mir diesen Weg gegangen sind, im Laufe ihres Berufslebens verantwortliche Positionen begleitet. Denn eins wussten die Personalchefs: Wer das durchgehalten hat, der ist belastbar. Mit dem können wir was anfangen. Und so war es auch!

Das erstes Rockkonzert

Mit 17 besuchte ich mein erstes Rockkonzert. In Siegen spielte Uriah Heep. Sie hatten gerade ihr zweites Album Salsibury auf den Markt gebracht. Wir fuhren zu dritt mit dem Zug dorthin. Der letzte Zug zurück ging um 23 Uhr. Dummerweise spielte zunächst eine Vorband, sodass wir das Konzert der Hauptband nicht mehr bis zum Ende verfolgen konnten. Schade, denn es war ein sehr schönes Konzert. Diese Band lieferte zwei Jahre später auch das schlechteste Konzert ab, dass ich je besucht habe. Der Sänger und der Gitarrist hatten eindeutig zu viel Alkohol im Blut und so spielten sie dann auch.

Unvergessen sind mir die Konzerte von Rory Gallagher. Wie er über die Bühne wirbelte und dabei eine wahnsinnige Energie versprühte. Ich erinnere mich auch an mein kürzestes Konzert, es war auch in Siegen mit Ekseption, eine niederländische Band, die

Klassikrock spielte. Ich fand, sie spielten eine schöne Mischung ihres Repertoires und das Konzert glänzte durch eine sehr gute Klangqualität und schöne Soli. Doch nach einer Stunde hörten sie plötzlich auf. Alle schauten sich fragend an – was war das denn jetzt? Nun, sie kamen nicht mehr zurück. Auch eine Zugabe spielten sie nicht und so endete dieses Konzert mit einem Pfeifkonzert der Besucher.

Neuer Nachbar

In der Gemeinde gab es keine Möglichkeit, um in einem adäquaten Saal ein größeres Fest zu feiern. Daher hatte die Gemeindevertretung bereits in 1967 beschlossen, ein eigenes Dorfgemeinschaftshaus zu errichten. Dieser Beschluss wurde Anfang der 1970er Jahre umgesetzt. Das neue „Zentrum" entstand direkt neben unserem Haus und beinhaltete neben dem Saal auch die Feuerwehr und eine Kneipe mit Kegelbahn. So hatten wir etwa zwei Jahre eine Großbaustelle neben unserem Haus inkl. Schmutz und Lärm. Die Einweihung erfolgte am 4. September 1972. Das Dumme daran: Mein Zimmer lag genau neben der Kneipe.

Von da an war es mit der nächtlichen Ruhe dahin. Nahezu jeden Abend kegelten die einzelnen Kegelvereine um die Wette und auch die Kneipe war anfangs gut besucht. Auch wir gründeten einen Kegelverein. Wir, das waren sechs Freunde und ich. Alle vier Wochen kegelten wir am Montag-Abend zusammen. Dabei schlug die Uhr auch schon mal Mitternacht, bis wir nach Hause gingen. Die übrigen Vereine hielten es ähnlich.

Besonders im Sommer, wenn bei Hitze die Fenster offenstanden, gab es keine Ruhe. Das änderte sich erst, als 1980 der Besitzer wechselte. Danach wurde es wieder ruhiger. Damals war ich aber bereits verheiratet und ausgezogen.

Musterung

Pünktlich zum 18. Lebensjahr erreichte mich der Musterungsbescheid. Doch nicht nur mich, sondern alle Jungen meines Jahrgangs. Darin hieß es, dass wir uns in Aßlar bei Wetzlar zur Musterung einfinden sollten. Das Datum weiß ich nicht mehr. Dazu schickte mir das Kreiswehrersatzamt eine Fahrkarte mit. In Aßlar trafen wir auf ein schreckliches altes Gemäuer, indem wir zunächst in einem großen Saal einen Test absolvieren mussten. Das Testergebnis bestimmte angeblich, wer zu welcher Waffengattung eingezogen wurde. So sagten sie jedenfalls. Der Gesundheitscheck schloss sich an. Danach verkündete mir der Stabsarzt, dass er mich beglückwünsche, denn ich sei gesund und könnte nun dem Land dienen.

Warum allerdings zwei von meinen Altersgenossen diese Glückwünsche nicht erhielten, erschließt sich mir bis heute nicht. Sie konnten Fußballspielen und auch sonst alles machen. Was hatten sie nur für eine Karte gezogen, um das hinzubekommen? Seltsamerweise zog sich das bei genauerem Hinsehen immer durch die gleichen Familien durch. Kannten sie einen Trick, der die Kommission davon überzeugte, dass sie als Soldaten nicht zu gebrauchen waren? Es ist mir bis heute ein Rätsel geblieben. Denn verweigert haben sie auch nicht.

Drittes und viertes Lehrjahr

Durch die „Zusatzausbildung" in der Berufsaufbauschule verbesserten sich meine Leistungen in der Berufsschule stetig. Das nahmen auch die Vorgesetzten wahr und stellten mir anspruchsvollere Aufgaben, so dass ich Ende des 3. Lehrjahrs bereits eigenständig kleinere Maschinen konstruieren durfte.

In diesem Jahr stellten sie auch einen neuen Lehrling zur Technischen Zeichnerin ein, ein rothaariges junges Mädchen, ein Jahr jünger als ich. Ihr Gesicht zierten viele Sommersprossen. Damit war ich die Pauserei endlich los. Das gehörte jetzt zu ihren Aufgaben. Ein halbes Jahr später stellten sie eine „hauptamtliche Pauserin" ein. Damit hatte sich das Thema für uns Lehrlinge erledigt mit Ausnahme der Urlaubs- und Krankheitsvertretungen der neuen Kollegin.

In diesem Jahr ging es auch um die Frage, ob ich eventuell die Prüfung ein halbes Jahr vorziehen könnte. Das wurde jedoch von der Industrie- und Handelskammer mit der Begründung abgelehnt, dass ginge nur bei Lehrlingen, die mindestens die mittlere Reife nachweisen konnten. Da das bei mir nicht der Fall war, löste sich dieser Gedanke in Luft auf. Die Firma kam mir allerdings entgegen. Sie schlug vor, dass ich das letzte halbe Lehrjahr fast wie eine ausgelernte Kraft bezahlt werden sollte, da ich auch bereits die Aufgaben einer ausgelernten Fachkraft erledigen würde. So hoben sie meine Ausbildungsbeihilfe ab August 1971 von 173 DM auf 700 DM an. Das Geld konnte ich sehr gut gebrauchen. Denn inzwischen nahte das 18. Lebensjahr und es winkte der Führerschein. Und wieder die Herausforderung, den Führerschein neben der Ausbildung und der Abendschule zu stemmen.

Die Abschlussprüfung zum Technischen Zeichner fand im Januar 1972 statt. Zuerst die theoretische- und eine Woche später die praktische Prüfung. Beide Prüfungen bestand ich und war so ab Januar 1972 eine ausgelernte Fachkraft. Ich bekam einen unbefristeten Arbeitsvertrag mit einem entsprechenden Gehalt.

Ganz in der Nähe der Firma hatte Anfang der 1970er Jahre eine neue Diskothek aufgemacht. Anstelle des Mittagsschlafs ging es nun mittags für eine Dreiviertelstunde in die Disko. Die älteren Kollegen

meinten, dass durch die viele Ablenkung und die
laute Musik in der Disco die Leistung am Nachmittag
sinken würde. Diesen Beweis sind sie bis heute schuldig geblieben.

Endgültiges AUS für unsere Landwirtschaft

Bisher wohnte in unserem Stall jedes Jahr ein neues
Schwein. Das sollte sich jetzt ändern. Die Eltern entschieden, damit ist jetzt Schluss. Wir kommen mit Vaters Einkommen auch ohne die Landwirtschaft zurecht und jünger werden wir auch nicht. So schlachteten wir unser letztes Schwein und verkauften die
Hühner. Die paar Eier konnten wir uns auch so leisten. Was wir danach noch einige Jahre beibehielten,
war die Kartoffelernte. Eine sehr überschaubare Sache. Im April den Acker vorbereiten, im Mai die Kartoffeln setzen, im September die Kartoffeln ernten
und danach den Acker nachbereiten. Das war's. Und
mit dem Traktor keine große Anstrengung.

Damit endete Anfang der 1970er Jahre die Ära der
eigenen Landwirtschaft in unserer Familie nach ewiger Zeit. Das Leben hatte sich in den vergangenen
zwanzig Jahren total verändert - dass hätte noch vor
zehn Jahren niemand vorherzusagen gewagt. Mein
Leben verlief dazu parallel. Ich hatte die Möglichkeiten der neuen Zeit angenommen und für mein Leben

angewendet. Zugegeben: Es kostete mich unendliche Mühe und Kraft. Doch muss ich heute in der Rückschau sagen: Die Mühe war es wert.

Vater wechselt den Arbeitgeber

Im selben Jahr wechselte Vater im Alter von 50 Jahren den Arbeitgeber. Die relativ weiten Fahrten zur Schelderhütte machten ihm doch langsam zu schaffen, besonders im Winter, wenn es morgens und abends dunkel war, eventuell noch Schnee lag oder dichter Nebel herrschte. Da war das Fahren mit dem Käfer und danach mit dem Kadett bei schlechten Licht- und Sichtverhältnissen wahrlich keine Freude. In Haiger fand er eine neue Anstellung. Fünf Kilometer von zu Hause entfernt. Die Firma fertigte Schultafeln sowie Kommunikationssysteme und beschäftigte etwa 300 Mitarbeiter. Dort sollte er in der Schreinerei eingesetzt werden.

Neben der kürzeren Fahrzeit sparte er natürlich auch viel Benzingeld. Und er hatte täglich eine Stunde zusätzlich zur eigenen Verfügung. Das Beste aber: Er verdiente mehr und die Arbeit war deutlich leichter, als die schwere Arbeit in der Gießerei. Da lag es nahe, die Zelte beim alten Arbeitgeber, der Buderus AG, abzubrechen und mit Fünfzig noch mal neu zu beginnen.

Außerdem war die Arbeit mit Holz genau sein Ding. Er konnte die kniffligsten Teile herstellen. Es gab quasi nichts, das er mit Holz nicht hinbekommen hätte. Jetzt war er in seinem Element. Das hat ihn die letzten 10 Jahre seines Arbeitslebens gut durchgetragen, bis er in 1982 eine Vorruhestandsregelung annahm und in den wohlverdienten Ruhestand wechselte.

Führerschein und das erste Auto

Das 18. Lebensjahr (1972) leitete für mich die Zeitenwende ein. Jetzt konnte ich den Führerschein machen. Ich meldete mich in der Fahrschule an, wo mein Vater bereits den Führerschein erworben hatte. Der Senior führte sowohl den theoretischen Unterricht als auch die Fahrstunden durch. Mit mir hatten sich noch zwei weitere Jugendliche aus dem Dorf dort angemeldet. Das hatte den Vorteil, dass sich die Eltern beim Hin- und Zurückfahren abwechseln konnten. Es war das letzte Aufbäumen der unendlichen Unterstützungen, die Vater mir durch die vielen „Taxifahrten" hatte zukommen lassen.

Doch bevor es ans Fahren ging, mussten wir erst einmal die Theorie erlernen und unser Wissen in stetig komplexer werdenden Fragebögen vertiefen. Die wertete der Fahrlehrer aus und so hatte er einen guten Eindruck, wann wir für die theoretische Prüfung gut genug ausgebildet waren. Unterdessen übte ich schon mal zu Hause mit Vaters Kadett auf den Feldwegen das An- und Rückwärtsfahren. Nach etwa drei Monaten kam dann die erste Fahrstunde auf mich zu. Wir fuhren über Land auf den Westerwald. Danach folgten noch weitere vier Fahrstunden und dann ging es auch schon zur Prüfung. Die theoretische Prüfung hatte ich bereits bestanden. Unser Fahrlehrer hatte zur praktischen Fahrprüfung noch einen Tipp auf Lager: »Wir nehmen bei der Prüfung den blauen Käfer mit Automatik. Dann „murkst" ihr das Auto beim Anfahren nicht ab«. Das bedeutete jedoch eine zusätzliche Fahrstunde auf diesem Fahrzeug. Das war dann die Sechste.

So traten wir am 5. Juni 1972, es war ein Montag, morgens um 8 Uhr beim TÜV in Dillenburg zur praktischen Prüfung an. Bis ich dann endlich drankam, war es bereits Mittag. Das lange Warten zehrte an meinem Nervenkostüm. Denn bei der Führerscheinprüfung durchzufallen – das war die Höchststrafe. Einer nach dem anderen verließ das Prüfungsfahrzeug. Die Meisten hatten bestanden. Die Prüfungsfahrt führte mich durch Dillenburgs enge Gässchen, danach machte ich noch einen kurzen Schlenker durch Herborns Einbahnstraßen und dann war es geschafft. Auch die beiden anderen aus dem Ort bestanden die Prüfung.

Einer meiner Mitprüflinge besaß bereits ein eigens Auto, einen hellblauen Renault R4. Mit dem machten wir abends eine Spritztour nach Herborn. Schließlich wollten wir unsere neu erworbene Freiheit gleich mal auskosten. In Herborn verloren wir leicht die Orientierung und er bog gleich mal in der falschen Richtung in eine Einbahnstraße ein. Bald standen sich zwei Fahrzeuge gegenüber und er musste unter größten Anstrengungen soweit zurückfahren, bis wir umdrehen konnten.

Auch ich hatte bereits verschiedene Optionen für ein eigenes Auto durchgespielt. Bisher scheiterte das am Preis. Ich hatte zwar inzwischen etwas angespart, daher kam nur ein „Gebrauchter" in Frage. Eines Tages fanden wir ein passendes Auto in der Zeitung. Einen grünen VW-Käfer, 4 Jahre alt. Er sollte 3.000 DM kosten. Da waren wir uns schnell einig. Vater, Opa Emil und ich gaben je 1.000 DM. Wir machten noch eine Probefahrt vor Ort und schon war das Teil meins.

Ab jetzt sollte das Leben deutlich einfacher werden. Denn ich konnte ja jetzt alle Fahrten selbst erledigen. Ich brauchte niemand mehr, der mich morgens mitnahm und auch Vater war entlastet, denn er musste mich abends nicht mehr holen. Ich konnte hinfahren wo und wann ich musste oder wollte. Wie habe ich diese Freiheit genossen. Mein Leben war plötzlich so einfach. Auch eine Garage gab es ja bereits. In unserer leeren Scheune hatte es viel Platz. Der gehörte ab jetzt meinem Käfer.

Was mir noch fehlte, war ein vernünftiges Radio und ein Satz Winterreifen. Zunächst zum Radio: Der Käfer besaß zwar eins, aber nur mit Mittelwelle. Da liefen nur wenige Sender. Meistens empfing ich nur ein Rauschen. Bei dem lauten Motorengeräusch einfach nur lästig. UKW-Sender es gab nur wenige und die hatten oft nur eine schwache Senderleistung. Der einzige Sender auf Mittelwelle mit vernünftiger Musik und gutem Empfang war AFN Frankfurt, der amerikanische Soldatensender. Die Musik gefiel mir gut und daher spielte ausschließlich dieser Sender in meinem Auto. Das änderte sich erst ab Mitte der 1970er Jahre. Plötzlich gab es Sender, wie z.B. HR3, die Musik für die jüngere Generation spielten. Und die UKW-Sendeleistungen wurden verstärkt. Wann ich mir dann ein UKW-Radio gegönnt habe, weiß ich nicht mehr.

Meine ersten Winterreifen hatten, wie damals üblich, Spikes. Reifen mit kleinen Nägeln. Die sorgten in der Tat für eine gute Fahrleistung bei Schnee und Glätte. Solche Tage hatte es damals deutlich häufiger als heute. Die Nachteile lagen jedoch auf der Hand: Extreme Lautstärke sowie Schäden am Straßenbelag. Auch konnte es passieren, dass einzelne Nägel aus den Reifen flogen. Da war Gefahr im Verzug. Allerdings ein sehr seltenes Ereignis. Wegen diesen Gründen verbot der Gesetzgeber die Reifen bereits 1975 wieder.

In 1976 bedurfte mein Käfer eines Umbaus. Denn die Bundesregierung hatte zum 1. Januar 1976 die allgemeine Gurtpflicht eingeführt. Neuwagen mussten bereits seit 1974 damit ausgerüstet sein. Allerdings zunächst nur für die Vordersitze. Ab 1979 galt das auch für die Rücksitze. Doch es regte sich Widerstand mit Argumenten, die heute nur schwer nachvollziehbar sind: Man fürchtete, bei einem Unfall erwürgt zu werden, angeschnallt zu verbrennen, dass Helfer das Gurtschloss nicht mehr lösen oder Herzschrittmacher außer Dienst gesetzt werden könnten.

Natürlich hatte mein Käfer keine Gurte, da er ja bereits in 1968 gebaut war. Dafür gab es im Handel Umbausätze, mit denen die Autos nachrüstet werden konnten. Allerdings nicht so komfortabel wie heute mit Gurtstraffer und Sensoren für den Fall eines Aufpralls. Hier war alles schön straff und ohne Spiel. So mussten die Gurte nach dem Anlegen noch per Hand strammgezogen werden und verhinderten danach das Vorbeugen, etwa zum Radio, Handschuhfach oder Aschenbecher. Dazu musste man den Gurt wieder lockern und anschließend erneut festziehen.

Da man keinen Zwang ausüben wollte, mussten
„Gurtmuffel“ zunächst keine Strafe fürchten – lediglich eine Ansprache der Polizei, wenn sie erwischt
wurden.

Fachoberschule

Nachdem ich die Fachschulreife geschafft hatte, traf
ich eine weitere wegweisende Entscheidung und
hängte das eine Jahr Fachoberschule dran. Davon
musste ich allerdings erst einmal meine Eltern über-
zeugen. Die waren natürlich alles andere als begeistert. Denn das bedeutete ein Jahr ohne Einkünfte. Sie
gingen am Ende den Weg mit und verzichteten wie
bisher auf Kost und Logis. Ich hatte über die vierein-
halb Jahre seit meinem Arbeitsbeginn mein Spar-
konto ganz gut aufgefüllt und so ging ich das Ganze
für ein Jahr ohne Einkommen an. Das klappte auch.
Geld benötigte ich im Wesentlichen nur für Benzin o-
der wenn ich neue Kleidung benötigte. Sonstige größere Ausgaben verkniff ich mir in diesem Jahr.

Doch vorher hatte ich mir das Ziel gesetzt, mit meinem Arbeitgeber eine Vereinbarung zu erwirken,
dass ich quasi für dieses eine Jahr freigestellt würde
und anschließend wieder dort arbeiten konnte. Also
die Hängematte unter dem Seil. Das klappte auch.

Denn in meinem Leben gab es eine gewisse Unbekannte, die Bundeswehr. Wann würden die zuschlagen? In diesem Jahr tat sie es noch nicht.

Was mich allerdings sehr verwunderte: Von den 13 Mitschülern, die mit mir die Fachschulreife erworben hatten, ging diesen Schritt an die Fachoberschule nur ein weiterer Schüler. Er studierte später Maschinenbau und arbeitete danach auch in der Buderus AG. Alle anderen nahmen diesen Abschluss, um entweder die Techniker- oder Meisterschule zu besuchen oder auch um eine Weiterbildung zum Betriebswirt anzuhängen.

Das Schuljahr in der Fachoberschule startete am 12. Juli 1973. Mit mir waren noch etwa 20 Schüler in der Klasse. Bis auf mich und einen Mitschüler aus der Berufsaufbauschule alles Schüler, die bereits vor einem Jahr direkt aus der Realschule in diese Schulform gewechselt hatten. Wir konnten auch als Einzige einen Berufsabschluss vorweisen. Damit waren wir diesen Mitschülern haushoch überlegen. So gestaltete sich dieses Jahr nach all den Anstrengungen für mich sehr entspannend.

Gegen Ende dieses Schuljahres drängte sich dann immer stärker die Frage in den Vordergrund: Was mache ich nach dem Abitur? Wahrscheinlich würde ich erst einmal für 15 Monate eingezogen. Danach gab es verschiedene Optionen. Gehe ich wieder arbeiten oder studiere ich. Wenn ich wieder arbeiten gehe, hätte ich mir das Jahr sparen können. Wenn ich studiere, dann welches Fach. Naheliegend wäre das Fach Maschinenbau gewesen. Ich musste noch ein wenig nachdenken.

Die schriftlichen Prüfungen liefen im Mai 1974. Danach schlossen sich im Juni die mündlichen Prüfungen an und Ende Juni hielten wir die Zeugnisse in der Hand. Ich hatte das Abitur geschafft.

Bereits im Mai flatterte der Einberufungsbescheid zu Hause ein. Am 2. Juli sollte ich in Manching bei Ingolstadt in der Max-Immelmann-Kaserne einrücken. Die gehörte zur Luftwaffe. Damit konnte ich die Entscheidung über meine weitere Zukunft noch etwas aufschieben.

Freundin

Während der Zeit in der Fachoberschule hatte ich viel Zeit und so fanden zwei Menschen zueinander, die gar nicht so weit voneinander wohnten. Die Häuser standen gerade einmal 300 Meter auseinander. Sie war zwei Jahre jünger als ich. So näherten wir uns in diesem Jahr mehr und mehr an bis der Tag kam, an dem wir zum ersten Mal, es war an einem Samstag-Abend, zusammen ausgingen bzw. ausfuhren. Wir besuchten eine Disco und waren pünktlich gegen 22:30 Uhr zurück. Dann sollte mein Käfer wieder zu

Hause sein. Die Eltern wollten ja schließlich ohne Sorge zu Bett gehen.

Dummerweise hatte man uns beobachtet. Denn gleich am nächsten Morgen erfolgte die Nachfrage von Oma Hedwig: »Läuft da was zwischen euch? Wir haben euch gestern Abend gesehen«. Damit war klar: Das wussten in fünf Minuten auch meine Eltern.

Von da ab gingen wir gemeinsam unseren Weg. Bis heute. (Sie hat darum gebeten, diesen Abschnitt nur kurz anzusprechen, was ich natürlich respektiere).

Unsere neue Heizung

In 1973 trafen die Eltern eine weitere wichtige Entscheidung: Sie ließen sich eine vollautomatische Zentralheizung ins Haus bauen. Das kam damals immer stärker in Mode. Einen Heizkessel mit Heizkörpern und einem Warmwasserspeicher, der direkt mit der Küche und dem Bad verbunden war. Ab jetzt sollte immer und direkt warmes Wasser aus der Leitung kommen. Was für ein Fortschritt!

Im Ort hatten sich zwei „Schwarzarbeiter" auf die Installation der Heizungen spezialisiert. Bei uns machte sich unser Nachbar daran, die Heizung zu bauen. Immer abends und samstags. Einige Wochen lag das Haus in „Trümmern", denn es mussten Schlitze geklopft, Durchbrüche gebohrt und Heizkörper aufgehängt werden. Viel Dreck über eine relativ lange Zeit. Der Installateur verlegte dann die Rohre und stellte den Heizkessel mit dem Warmwasserspeicher und den Öltanks auf. Dafür ging ein Kellerraum drauf. Nach etwa vier Wochen war es geschafft. Die Heizung ging in Betrieb und wir schwelgten von Stund an auf einer Woge des Komforts. Wie schnell war es nun in einem Zimmer warm und das Beste: Immer kam sofort warmes Wasser aus den Zapfhähnen. Und im Bad war es bereits warm, wenn wir aufstanden. Wir verweichlichten total!

Noch war das Öl billig. Das sollte sich jedoch bald ändern. Es nahte der erste Ölpreisschock. Am 17. Oktober 1973 stieg der Ölpreis von rund 3 US-Dollar/Barrel auf über 5 US-Dollar. Dies entsprach einem Anstieg um etwa 70 %. Im Verlauf des nächsten Jahres stieg der Ölpreis weltweit auf über 12 US-Dollar/Barrel. Diese Entwicklung ging auch unter dem Namen „Ölembargo" in die Geschichte ein. Der Preis für ein Liter Heizöl stieg auf fast 1 DM. Jetzt hatten wir zwar eine supermoderne Heizung, konnten aber das Öl kaum noch bezahlen. Zum Glück war der Tank erst einmal voll.

Um den Preisdruck abzufedern, führte die Bundesregierung das sogenanntes Sonntagsfahrverbot ein. Die unmittelbare Folge war ein generelles Autofahrverbot an vier aufeinanderfolgenden Sonntagen, beginnend mit dem 25. November 1973, sowie ein für sechs Monate geltendes Tempolimit von 100 km/h auf

Autobahnen und 80 km/h auf allen anderen Straßen außerhalb geschlossener Ortschaften. Gähnende Leere herrschte an diesen Sonntagen auf den Autobahnen. Die Menschen reagierten jedoch gelassen und nutzen Straßen und Autobahnen zum Spazierengehen oder Fahrradfahren.

In 1974 gingen die Preise wieder zurück. Doch der Frieden dauerte nur bis ins Jahr 1979. Dann folgte der zweite Ölpreisschock. Wieder explodierten die Preise. In der Folge erlebte der gute alte Holzofen eine Renaissance. Und es kamen neue Technologien in Mode, wie Wärmepumpen und Solaranlagen. Der Boom ebbte jedoch bald wieder ab, als die Ölpreise Anfang der 1980er Jahre auf ein bezahlbares Niveau zurückgingen.

Bundeswehr

Der 2. Juli 1974 war der Tag, an dem ich zur Bundeswehr einrücken musste. Doch vorher sollten noch die Haare ab. Dazu gab es vom „Bund" genaue Vorgaben, die jeder Friseur kannte. Und die wurden natürlich auch bei mir eingehalten.

So rückte ich am 2. Juli ein. Um 8:10 Uhr ging der Zug ab Dillenburg, zunächst bis Frankfurt und ab da weiter Richtung München mit Halt in Ingolstadt. Dort holte uns ein Trupp aus der Kaserne ab und fuhr uns nach Manching in die Kaserne. Wir kamen so gegen 16 Uhr dort an.

Die Welt, die mich hier erwartete, war mir gänzlich fremd. Es galt die Devise, den eigenen Verstand auf ein Minimum herunterzufahren und das tun, was befohlen wurde. Zunächst nahmen wir unsere Stuben in Besitz. Mit mir „wohnten" dort sechs Kameraden aus allen Gebieten Deutschlands. Danach ging es zur Kleiderkammer. Dort bekamen wir die komplette Ausrüstung für die Grundausbildung. Von den Stiefeln bis zum Parker, Unterhemden und Unterhosen, Socken bis zum „Geschirr", in dem wir im Gelände unser „Essen" kochen konnten. Eben alles, was man so als Soldat braucht.

Am Abend gingen wir in die Kantine zum Essen. Bratkartoffeln mit Leberkäse. Eigentlich gehörte das zu meinen Lieblingsspeisen. Aber weit gefehlt. Wir waren ja schließlich in Bayern. Und die hatten ein Lieblingskraut – Kümmel. Das konnte das beste Essen vermiesen. So gehörte in diesen drei Monaten im Bayrischen Ausland immer öfter die Currywurst mit Pommes zu meiner Ausweichmahlzeit.

Die Ausbilder ließen durchblicken, dass sie diejenigen Soldaten, die zum 1. Juli eingezogen wurden, „besonders mochten". Das waren die Abiturienten. Besonders schlau, wahrscheinlich in der Mehrzahl wirklich schlauer als die Ausbilder und das mochten diese natürlich überhaupt nicht. Kritisches Nachfragen zum Sinn oder Unsinn bestimmter Befehle oder Maßnahmen eingeschlossen. Daher nahmen sie diese Gruppe besonders hart ran. Aber das war bestimmt nur ein Gerücht.

Diese Grundausbildung gestaltete sich für uns wirklich sehr hart. Sehr oft exerzieren auf dem Paradeplatz oder marschieren über viele Kilometer mit vollem Gepäck. Geländeübungen gehörten ebenfalls dazu und womit wir immer rechnen mussten „Nachtalarm". Dann ging es mitten in der Nacht raus zum Antreten mit Befehlsempfang und danach ins Gelände, die Kaserne sichern, einen Angriff abwehren oder nach Terroristen suchen.

Ja, das war damals ein großes Thema wegen der Baader-Meinhof-Bande. In 1974 überfielen sie öfters Kasernen und erbeuteten dort Waffen für ihren Kampf. Daher mussten wir öfters nachts die Kameraden des Wachbataillons unterstützen. Zwei Stunden Dienst auf einem der Wachtürme, danach vier Stunden Pause. An Schlaf war da nicht zu denken. Und am nächsten Tag ging es weiter, als hätten wir die ganze Nacht geschlafen.

Unser Hauptziel in diesen drei Monaten bestand darin, die eigene Waffe, G3 genannt, im Schlaf zu beherrschen sowie die gegnerischen Flugzeuge zu erkennen und von den eigenen Jets zu unterscheiden.

Im Praxisunterricht schossen wir mit Flack-Geschützen auf virtuellen Jets des Feindes. Das machte wenigstens noch Spaß.

Fast jedes Wochenende hatten wir zwischen Freitag-Mittag und Sonntag-Abend frei. Nur jeweils eine Gruppe blieb zur Sicherung in der Kaserne. Daher fuhr ich direkt am ersten Freitag mit der Bahn nach Hause. Ich kam um 0:30 Uhr mit dem letzten Zug in Dillenburg an. Vater holte mich gemeinsam mit meiner Freundin ab. Ich war total fertig. Den Samstag-Nachmittag hatten wir für uns. Denn sie musste am Samstag bis Mittag arbeiten. Dann noch den Sonntag-Vormittag und um 14 Uhr fuhr ich bereits mit meinem Käfer Richtung Ingolstadt.

Das war am Sonntag, dem 7.7.1974. Ein denkwürdiges Datum. An diesem Tag fand das Endspiel der Fußball-Weltmeisterschaft in München statt. Deutschland gegen die Niederlande. Deutschland siegte durch ein Gerd-Müller-Tor mit 2:1. Ich habe dieses Match vollkommen verpasst. Denn ich war ja auf der Autobahn unterwegs. Und selten war der Empfang so gut, dass ich der Reportage hätte folgen können. Das einzig Positive an diesem Tag: Die Autobahn war komplett leer.

Am nächsten Wochenende brach dann verkehrstechnisch das komplette Chaos aus. Es war jetzt die Haupt-Urlaubszeit und ich brauchte mit dem Käfer genauso lange zurück wie mit dem Zug. Wieder nur ein kurzes Wochenende zu Hause. In den folgenden Wochen bildeten wir Fahrgemeinschaften. Das sparte zwar Benzin, jedoch sollten die Autobahnen erst wieder nach der Ferienzeit im September freier werden. Am 30. September war der Spuk dann endgültig vorbei. Ich wurde versetzt.

Für meine Freundin und mich waren das drei harte Monate, denn wir sahen uns jedes Wochenende nur kurz. Eigentlich stand der Aufwand zum Hin- und Herfahren mit all den ewigen Staus in keinem vernünftigen Verhältnis zu der gewonnenen Zeit zu Hause. Doch die Zeit mit ihr war mir sehr wertvoll.

Einmal blieben wir bewusst ein Wochenende in der Kaserne. Wir wollten nach München ins Olympiastadion zum Bundesligaspiel Bayern München gegen den 1. FC Köln. Das war am 14. September 1974. Da wir etwas früh dran waren, machten wir einen Rundgang durch das Olympiagelände. Von irgendwoher hörten wir laute Musik. Das hörte sich nach Kraan an, einer deutschen Rockband. Und so war es auch. Sie spielten ein Freiluftkonzert bei freiem Eintritt im Olympiagelände. Wir setzten uns auf die Freilufttribüne und hörten noch eine Stunde zu. Es war eines der schönsten Konzerte, die ich je besucht habe. Danach ging's ins Stadion. Die „Bayern" gewannen das Spiel mit 6:3 Toren, nachdem Köln bereits nach 30 Minuten mit 3:1 in Führung lag. Danach begannen die

Bayern zu wirbeln und drehten die Partie zu ihren Gunsten.

Am 1. Oktober 1974 musste ich in Burbach einrücken, zwölf Kilometer von zu Hause entfernt. Das hörte sich zumindest nach Entspannung an. In Burbach erwartete mich ein komplett anderer Dienst. Dort lagerten damals NIKE-Hercules Raketen. Die NIKE-Hercules diente als Langstrecken-Flugabwehrrakete in der Zeit des Kalten Krieges. Sie kam aus US-Amerikanischer Produktion. Das System war vorgesehen für die Bekämpfung von Flugzielen in großen Höhen, insbesondere zur Abwehr strategischer Bomber der Sowjetarmee. Die Raketen wären im Ernstfall dazu mit nuklearen Sprengköpfen bestückt worden. Daher betrieb die Bundeswehr diesen Standort gemeinsam mit den Amerikanern.

Diese Raketen mussten jederzeit einsatzbereit sein. Das hatte zwingend zur Folge, dass sowohl die Abschussrampen als auch das Zielradar ständig durch eine bestimmte Anzahl von Soldaten besetzt sein mussten. Kam es zum Ernstfall, war es im Fall einer Rakete mit Atomsprengkopf die Aufgabe der Amerikaner, den Abschuss freizugeben. In der Konsequenz bedeuteten diese Anforderungen Schichtdienst. Ungefähr die halbe Zeit Dienst und die halbe Zeit frei bzw. Weiterbildung.

Doch das Ganze ging deutlich entspannter vor sich, als in der Grundausbildung. An den Wochenendschichten zog die totale Langeweile ein. Nichts zu tun und immer in der Abschussarea bleiben. Lediglich morgens und abends Check der Raketen. Übungen fanden nur an Werktagen statt. Denn an den Wochenenden fehlte das Führungspersonal.

Manchmal kam meine Freundin am Sonntag vorbei und wir trafen uns vor dem Tor. Das war zwar verboten, aber es war ja schließlich Wochenende. Natürlich war ich jetzt sehr oft zu Hause. An den Werktagen half das auch nicht wirklich weiter. Sie musste ja arbeiten. Dennoch entspannte sich die Lage alleine wegen der kurzen Entfernung doch sehr.

An eine Situation erinnere ich mich noch genau. Bei einem der Morgenchecks ging etwas schief. Eine der Raketen mit einem Atomsprengkopf hatten wir in Abschussstellung gebracht, um sie nach den Vorgaben zu checken. Sie ragte mit der Spitze in den Himmel. Das Ding fing auf einmal an zu qualmen. Das sah nicht nur bedrohlich aus, das war es auch. Wie sich schnell herausstellte, qualmte eine der Batterien. Die Amerikaner wurden hektisch. Sofort gab es Meldungen nach „Oben". Schnell war ein „Expert" zur Stelle, der mit einigen Handgriffen dem Spuk ein Ende setzte. Allerdings qualmte die Batterie noch bis zu ihrem Ende weiter.

In der Kaserne arbeitete ein Cousin von Vater in der Standortverwaltung als eine Art Hausmeister. Er interessierte sich für meine weiteren Pläne nach der Bundeswehr. Nach jedem Gespräch zog er dasselbe Fazit: »Das, was Du während des Studiums an Einkommen verlierst, wirst Du nie mehr reinholen. Und dann die Unsicherheit, ob Du nach dem Studium eine Stelle findest? In Deiner Firma hast Du doch eine sichere Stelle…«! Auch aus der übrigen Verwandtschaft hörte ich ähnliche Aussagen.

In diesen Jahren hörte man zum ersten Mal seit dem Wirtschaftswunder wieder einen Begriff, den höchstens die Älteren noch kannten: Arbeitslosigkeit. Die Zahl der Arbeitslosen war von 185 Tausend (0,8%) im Jahr 1971 auf 1,04 Mio. (4,7%) in 1975 angestiegen. Daher stimmten auch meine Eltern in diesen „Chor" mit ein. Am Ende traf ich die falsche Entscheidung und studierte nicht. Zunächst noch nicht.

Nach der Bundeswehr

Als sich die Zeit bei der Bundeswehr zu Ende neigte, nahm ich Kontakt mit meinem Arbeitgeber auf. Schließlich hatte ich einen Vertrag, der mir das Weiterarbeiten zusicherte. Wir einigten uns mündlich auf den Wiedereinstig ab Oktober 1975 sowie ein neues Gehalt. Einen neuen Vertrag erhielt ich nicht. So trat ich am 1. Oktober 1975 im Technischen Büro zu neuen

Taten an. Alles war wie früher. Ich bekam zunächst einige kleinere Projekte zugeteilt, denn ich musste ja nach zwei Jahren erst wieder ins Geschehen reinfinden.

Im Technischen Büro.

Dann nahte der erste Zahltag. Was für eine Überraschung erlebte ich da. An Stelle des zugesagten Gehaltes fiel die Abrechnung 100 DM niedriger aus. Das führte meinerseits natürlich direkt zur Nachfrage beim Technischen Leiter. Der verwies auf den Personalchef und der auf den Technischen Leiter. Und alle argumentierten: Es gäbe ja nichts Schriftliches. So drehte sich das Ganze einen Monat um sich selbst, ohne dass ich auch nur einen Schritt vorangekommen wäre. Dann hatte ich es satt. Denn eines wurde mir klar: Wenn ich jetzt nachgebe, dann habe ich hier für alle Zeiten verloren. Ich kümmerte mich um einen Studienplatz.

Die 1970er Jahre waren die Zeit der Kernkraftwerke. Das faszinierte mich. In Gießen boten sie dazu einen neuen Studiengang an: Energie- und Wärmetechnik. Ein relativ junger Studiengang mit einer breiten Ausrichtung zu allen Bereichen der Energietechnik und energetischen Anwendungen. Das wollte ich machen und ich machte es. Ich reichte meine Unterlagen bei der Zentralstelle für die Vergabe von Studienplätzen ein und bewarb mich für einen Studienplatz. Im Dezember bekam ich bereits die Zusage für das Sommersemester, das im Februar 1976 starten sollte. Zwei Tage später kündigte ich meinen Arbeitsvertrag. Damit hatten sie nicht gerechnet. Zum letzten Mal arbeitet ich am 31. Januar. Danach war Schluss.

Doch bevor ich mich verabschiedete, machte ich mir erst noch die Möglichkeit eines Ferienjobs klar. Allerdings gaben sie mir keine Garantie für die Arbeit im Technischen Büro. Das war mir egal. Hauptsache ich konnte mir etwas Geld verdienen, um das Studium alleine zu finanzieren.

In der Rückschau bin ich der Firma und meinen Chefs sehr dankbar. Denn mit dieser nicht eingehaltenen Zusage brachten sie mich dazu, doch noch zu studieren. Es war die beste Entscheidung meines bisherigen Lebens.

Studium

Im Februar 1975 (das genaue Datum kann ich nicht mehr feststellen) fand ich mich eines morgens in der Fachhochschule Gießen ein, um mein Studium zu beginnen. Dort traf ich auf eine Gruppe von jungen Menschen, die sich bis dato absolut fremd waren, ausgestattet mit völlig unterschiedlichen Lebensläufen und geographischen Wurzeln. Das, was diese Gruppe jedoch einte, war der Wille, das Studium zu einem erfolgreichen Abschluss zu bringen.

Alle verfolgten das Ziel der Immatrikulation für den neu geschaffenen Studiengang „Energie- und Wärmetechnik", einer Abspaltung aus dem traditionellen Maschinenbau. Dieser Studiengang war begründet in der Erkenntnis einer immer größer werdenden Bedeutung der effektiven Nutzung vorhandener Energien. Dies sowohl für die Stromerzeugung als auch für deren Einsatz zur Temperierung von Gebäuden. Als die Vorlesungen des 1. Semesters begannen, war die Anzahl der Studenten sehr überschaubar. Gerade einmal 15 Studenten bildeten dieses neue 1. Semester.

Was zu diesem Zeitpunkt noch niemand zu erahnen vermochte war, dass sich diese Gruppe von völlig fremden Personen zu einer Einheit entwickelten sollte, die nicht nur gemeinsam ein Studium absolvierte, sondern sich darüber hinaus zu einem Freundeskreis entwickelte, der bis heute Bestand hat.

Die Anforderungen im Studium muteten gegenüber einem heutigen Studium fast schon befremdend an. Vierzig Wochenstunden waren im Grundstudium normal, wobei die naturwissenschaftlichen Fächer deutlich dominierten. Im zweiten Semester begann eine Vorlesung sogar erst gegen Abend um 17 Uhr. Und das auch noch am Freitag, wo jeder gerne Wochenende gehabt hätte. Der Grund lag beim Dozenten. Er arbeitete in der Industrie und kam zur Vorlesung erst nach seiner normalen Arbeitszeit. Viel Zeit zum Vertiefen der Inhalte blieb da nicht.

Die geringe Anzahl von Studenten führte im Laufe der Zeit zu einem sehr guten Verhältnis zwischen Studenten und Professoren. So gruben wir einmal bei einem der Professoren den Garten um, was er mit einem Grillfest belohnte oder es kam auch schon mal vor, dass wir bei einem der Professoren zu Hause die Semesterarbeiten besprachen und dabei jede Menge Bier tranken. Auch beliebt: Gemeinsames Grillen mit den Professoren und teilweise auch mit deren Frauen in Biedenkopf. Wahrscheinlich ist das in der Form heute nicht mehr vorstellbar.

Im Gegensatz zu meinen Kommilitonen wohnte ich nicht in Gießen, sondern blieb zu Hause wohnen. Das sparte Kosten. So nahm ich morgens um 6:20 Uhr den Zug nach Gießen und kam gegen 7:45 Uhr in der Hochschule an. Mittags oder abends das gleiche wieder zurück. Denn eine eigene Mietwohnung oder ein

Zimmer hätte ich mir nicht leisten können. Und Schulden wollte ich keine machen, was auch geklappt hat.

In den Semesterferien verdiente ich mir etwas Geld dazu und arbeitete bei meinem alten Arbeitgeber. Allerdings nicht im Büro, sondern in der Fertigung am Fließband. Da in den Sommermonaten die türkischen Mitarbeiter über Wochen nach Hause fuhren, konnte ich deren Tätigkeit übernehmen.

Das war teilweise schon skurril, wenn die ehemaligen Kollegen aus dem Büro im weißen Kittel vorbeikamen und fragten: »Hast Du Probleme im Studium? War wohl doch ´ne Nummer zu groß«. Doch das juckte mich nicht weiter. Ich zog das durch und hatte nach zwei Monaten wieder Geld für das kommende Semester.

Im Hauptstudium musste ich mich dann auf bestimmte Schwerpunkte festlegen. Ich nahm alle Verfügbaren, auch Wärme- und Kraftwerkstechnik inkl. Reaktortechnik. Daneben noch Energie-, Heizungs- und Klimatechnik sowie Kältetechnik. Damit war ich für die Zukunft breit aufgestellt.

Nach sechs Semestern hatte ich alle Scheine zusammen. Ich hängte ein siebtes Semester für die Diplomarbeit dran und schrieb zum Thema „Energetische Untersuchungen verschiedener Wärmepumpensysteme für ein Zweifamilienhaus". Ein heute wieder sehr aktuelles Thema. Die Arbeit bekam die Note SEHR GUT.

Was ich jetzt merkte: Ich hatte für den Berufsein-
stieg plötzlich ein „freies Feld" vor mir und es eröff-
neten sich mir ungeahnte berufliche Möglichkeiten.
Gleich sechs Angebote hätte ich annehmen können.
Von der „Schwarzmalerei" der Verwandtschaft keine
Spur. Ich hatte alles richtiggemacht!

So endete unser Studium am 12. Juli 1979. Wir bekamen als erste Studenten Diplomurkunden über-
reicht. Danach gingen wir getrennte Wege. Doch wir
blieben bis heute als Gruppe zusammen und treffen
uns jedes Jahr an einem anderen Ort in Deutschland.
Jedes Mal haben wir uns viel zu erzählen.

An diesem 12. Juli 1979 arbeitete ich bereits, wie
meine Vorfahren bei der Buderus AG in Wetzlar. Der
Berufsstart erfolgte am 15. Juni 1979. Doch vorher
hatte ich noch etwas ganz Wichtiges zu erledigen: Wir
wollten heiraten, was wir im Mai auch taten.

EPILOG

Zum Schluss noch ein kurzer Abriss, wie es weiterging. In 1980 bauten wir unser eigenes Haus, natürlich im Ort. Dabei machten wir es wie immer: Viele halfen mit. Insbesondere Vater, mein Schwiegervater und ein Onkel von meiner Frau standen uns mit ihren ganzen Kräften zur Seite. Das ist denen bestimmt nicht leichtgefallen, denn sie waren damals alle drei um die Sechzig.

Inzwischen sind wir 46 Jahre glücklich verheiratet. Uns wurden zwei Kinder und inzwischen auch zwei Enkelkinder geschenkt.

Beruflich bin ich Buderus 38 Jahre treu geblieben, wobei die Firma in 2004 durch BOSCH übernommen wurde. Seit 1994 arbeitete ich als Abteilungs- bzw. Bereichsleiter.

In 2016 wechselte ich in den Vorruhestand. So hatte ich Zeit, dieses Buch zu schreiben.

EINZELNACHWEISE

1) Hannelore Benz: Zwischen Meiler und Basalt.
Geschichte und Geschichten des Dillkreises 1945
bis 1976.

2) Wikipedia

Der Autor:

Hans Georg Kring, geboren 1954, wohnt seit seiner Geburt mit seiner Familie in einem kleinen Ort in Mittelhessen. Er ist tief im Ort verwurzelt und hat die meisten der hier beschriebenen Ereignisse selbst miterlebt.

Er studierte an der heutigen THM Gießen Energie- und Wärmetechnik und arbeitete fast 40 Jahre als Dipl. Ingenieur zunächst bei der Buderus AG und ab 2004 im BOSCH-Konzern, davon viele Jahre in unterschiedlichen Führungspositionen.

In diesem Buch verarbeitet er seine Kinder- und Jugendzeit und gewährt damit detaillierte Einblicke in die Zeit zwischen 1950 und 1980.